公司理财

理解企业决策的财务逻辑

汪 丽 编著

Corporate Finance

Understanding the Financial Logic of
Corporate Decision Making

清華大學出版社
北京

内 容 简 介

本书的内容源自作者多年来在讲授公司理财课程过程中的积累。全书共分为三个主要部分，涵盖了公司理财的各个方面。第一部分围绕公司成长和资本市场主题，具体包括公司理财的环境、公司理财的目标演化和理论基础与基本原则。第二部分围绕能力评估和增长管理主题，具体包括解读财务报表、财务分析和增长管理。第三部分围绕财务决策与价值创造主题，具体包括融资决策理论实务、投资决策评价与应用和价值创造的度量与实践。

本书在理论讲解的基础上，特别注重理论与实际联系能力的培养，通过丰富的案例分析，提升读者解决实际财务问题的能力。本书的编写过程严格遵循学术规范，结构严谨，逻辑清晰，力求为读者提供一部系统性强、实用性高的公司理财教材。无论是企业管理者、财务人员，还是财务管理专业的学生，都能从中获得宝贵的知识和实用的技能。

图书在版编目（CIP）数据

公司理财：理解企业决策的财务逻辑 / 汪丽编著 . -- 北京：清华大学出版社，2025.8.
ISBN 978-7-302-69829-6

Ⅰ. F276.6

中国国家版本馆 CIP 数据核字第 2025D6T452 号

责任编辑：梁云慈
封面设计：汉风唐韵
版式设计：方加青
责任校对：宋玉莲
责任印制：刘　菲

出版发行：清华大学出版社
网　　　址：https://www.tup.com.cn，https://www.wqxuetang.com
地　　　址：北京清华大学学研大厦 A 座　　　　　邮　　编：100084
社 总 机：010-83470000　　　　　　　　　　　邮　　购：010-62786544
投稿与读者服务：010-62776969，c-service@tup.tsinghua.edu.cn
质 量 反 馈：010-62772015，zhiliang@tup.tsinghua.edu.cn
印 装 者：大厂回族自治县彩虹印刷有限公司
经　　销：全国新华书店
开　　本：170mm×240mm　　　印　张：14.75　　　字　数：217 千字
版　　次：2025 年 8 月第 1 版　　　印　次：2025 年 8 月第 1 次印刷
定　　价：59.00 元

产品编号：106476-01

前　言

在中国正迈向全面富裕与高质量发展的新阶段，更关注经济增长的质量和可持续发展。作为企业管理者，理解企业运作与高质量成长的财务学逻辑显得愈加重要。公司理财作为企业管理的核心组成部分，涵盖了资金的筹集、配置、运用与控制等多个方面，是实现企业战略目标和可持续发展的关键驱动力。有效的公司理财不仅能够优化企业的资本结构，提升资金使用效率，还能通过精细的风险管理，保障企业在面对市场波动和不确定性时的稳健运行。特别是在高质量发展的背景下，企业需要更加注重财务管理的科学性和前瞻性，以实现资源的高效配置和价值的最大化。公司理财的重要性体现在多个层面。首先，它为企业提供了实现战略目标所需的资金保障，无论是初创阶段的资本积累，还是扩展阶段的资金投入，科学的财务管理都能确保企业在不同发展阶段的资金需求得到及时满足。其次，优化的资本结构能够降低企业的融资成本，提高资本回报率，增强企业的市场竞争力。最后，通过财务分析和绩效评估，企业能够及时识别经营中的问题和机会，制定有效的改进措施，提升整体运营效率和盈利能力。公司理财不仅关乎企业的短期财务健康，更影响着企业的长期战略布局和可持续发展，因而深入理解和掌握公司理财的核心理念和方法，对于企业管理者和财务人员而言，既是一项必备的技能，也是推动企业不断成长和发展的关键所在。

本书的内容源自作者多年来在讲授"公司理财"课程过程中的积累。本书结合最新环境需求和经典案例，系统地整理并深化了公司理财的核心知识体系。本书不仅涵盖了公司理财的基本概念和理论框架，还融入了大量的实务操作技巧和案例分析，旨在帮助读者全面、深入地理解和掌握公司理财的各项内容。多年的教学实践使作者深刻认识到，理论与实践相结合是公司理财教育的关键。因此，本书在理论讲解的基础上，特别注重理论与实际联系能力的培养。通过丰富的案例分析，读者能够在掌握基本理论的同时，提升解决实际财务问题的能力。本书的编写过程严格遵循学术规范，内容结构严谨，逻辑清晰，力求为读者提供一部系统性强、实用性高的公司理财教材。无论是企业管理者、财务人员，还是财务管理专业的学生，都能从中获得宝贵的知识和实用的技能。

全书主要分为三个部分，涵盖了公司理财的各个方面，每一部分均围绕一个核心主题展开，内容由浅入深，循序渐进，力求帮助读者全面理解和掌握公司理财的各项知识。

第1部分围绕公司成长与资本市场主题，包含3章。第1章是公司理财的环境，介绍了公司理财所处的宏观经济环境及其对企业财务决策的影响，包括企业成长的双翼以及企业在产品经营与资本经营中的财务逻辑。对资本市场的概述，阐述了金融市场的基本结构及其在公司理财中的关键作用。第2章是公司理财的目标演化，分析了公司理财目标从利润最大化到价值最大化的演变过程，探讨了企业价值的内涵及其决定因素，并结合公司治理问题，阐明了目标实现中的障碍和策略。第3章是理论基础与基本原则，介绍了金融经济学的理论基础及其在公司理财中的应用，涵盖自利原则、机会成本、时间价值和杠杆原则等核心内容，探讨了现金流、风险与资本效率等公司理财的核心要素。

第2部分围绕能力评估与增长管理主题，包含3章。第4章是解读财务报表，深入探讨资产负债表、利润表和现金流量表的结构与分析方法，强调从出资人和股东视角重新解读财务报表的重要性。第5章是财务分析，介绍了财务分析的基础知识和方法，包括财务比率分析、流动性分析、获利能力分析及运营效率分析，强调通过多维度的财务分析提升企业的运营效率和盈利能力。第6章是增长管理，探讨了企业成长理论及其与资金需求的关系，详细介绍了可持续增长的财务逻辑和路径，提供了增长管理的具体策略，帮助企业实现长期稳健的发展。

　　第 3 部分围绕财务决策与价值创造主题，包含 3 章。第 7 章是融资决策理论实务，详细介绍了主要融资工具和方法，包括股权融资、债务融资和项目融资，探讨了资本结构理论及其优化方法，帮助企业制定科学的融资决策。第 8 章是投资决策评价与应用，讲解了投资决策的基础与评价方法，包括净现值、内部报酬率等，结合风险分析方法，提供了战略性投资决策的评价工具。第 9 章是价值创造的度量与实践，介绍了利润与价值创造的关系，阐述了企业价值的度量方法，并探讨了基于价值创造的管理逻辑，帮助企业通过有效的财务管理实现价值最大化。

　　在本书的编写过程中，我得到了许多人的支持与帮助。首先衷心感谢本书的编辑团队，他们在内容整理、结构优化和语言润色等方面给予了无私的帮助，使本书得以以最佳的形式呈现。还要特别感谢多年来出现在我课堂的学生们，他们在课堂上的积极参与和深入思考，激发了我对公司理财教学的热情，他们的反馈和建议使本书更加贴近实际需求，具备更高的实用价值。最后要特别感谢我的学生王雨珊和章泽宇帮我整理并校对书稿内容。

汪　丽

2025 年 3 月

目　录

第 2 部分　能力评估与增长管理

第 3 部分 ▶ 财务决策与价值创造

公司成长与资本市场

　　企业的成长不仅依赖于内部管理与创新能力，更受到外部资本市场环境的影响。资本市场作为资源配置的重要场所，通过为企业提供多样化的融资渠道和优化资源配置机制，成为推动企业从无到有、从小到大发展的关键力量。本部分深入探讨企业成长过程中，资本市场环境的重要性，以及公司理财知识在企业价值创造过程中的重要作用。

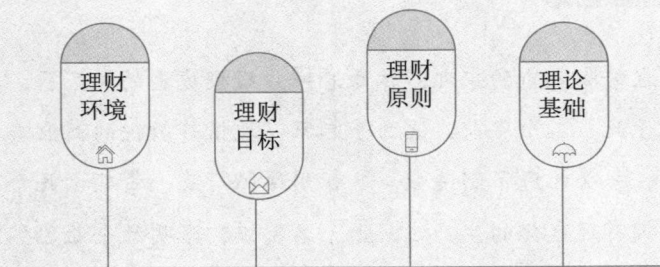

第 1 章

公司理财的环境

在繁华都市的东郊，林立着一片规模庞大的工厂区，李明的制造企业就扎根于此。二十年前，他白手起家，凭借着敏锐的商业嗅觉和一股不服输的韧劲，一头扎进了制造业。从租用简陋厂房、带领十几个工人日夜赶工，到如今拥有现代化的生产线、上千名员工，李明的企业已然成为行业内小有名气的存在，为城市创造着可观的就业与税收，各类荣誉证书挂满了公司荣誉室的墙壁。

平日里，忙碌于车间巡查、订单洽谈、新品研发会议的李明，难得有闲暇时光。一次偶然的老友聚会，却如一颗石子投入他原本平静的心湖，泛起层层涟漪。酒过三巡，朋友们的话题逐渐从往昔趣事转向了投资理财，老张兴奋地分享着自己去年在股市的"战绩"：靠着精准购入几只科技股，资产翻了数倍，如今已在城郊购置了一套带私人花园的别墅，还计划着全家环游世界。老王也不甘示弱，说起投资的新兴生物医药企业，上市后让他赚得盆满钵满，轻松实现财富自由，每天的生活就是品茗、打球、会友，惬意无比。

李明坐在一旁，听着朋友们眉飞色舞的讲述，心中五味杂陈。他默默算了一笔账，这些年为了企业发展，自己倾尽全力。引进新设备时，为了节省资金，他亲自跟着技术人员调试到深夜，累得腰都直不起来；开拓市场，他天南海北地跑展会、拉客户，磨破了嘴皮子，吃过无数次闭门羹；研发新产品，更是烧掉了大量资金，一次次失败又重新来过，承受着巨大的资金与精神压力。

　　反观朋友们，每日坐在电脑前看看行情、点点鼠标，或是与投资圈人士吃吃喝喝聊聊天，就能收获远超自己多年辛苦打拼的财富。聚会结束后，李明独自驾车行驶在回家的路上，望着车窗外城市的霓虹闪烁，满心困惑。自己脚踏实地、一步一个脚印，为实体经济添砖加瓦，解决就业、推动产业升级，怎么就比不上那些在资本市场"玩票"的朋友呢？自己的付出究竟值不值？

　　回到家中，李明久久不能入眠，脑海里反复回响着朋友们炫耀财富时的话语。但当他走进书房，看到墙上挂着的企业发展蓝图，以及那些记录着企业成长点滴的照片时，心底又涌起一股力量。他深知，制造业虽苦，却是国家发展的根基，自己一手打造的企业承载着员工的生计、合作伙伴的信任，不能因一时的迷茫就动摇。然而，困惑仍如阴霾笼罩，他开始思索，难道真的要在坚守实业与涉足资本市场之间做出抉择？未来的路，究竟该如何走下去才能既不忘初心，又能让自己的付出得到更合理的回报？这一夜，李明在矛盾与思索中辗转反侧……

本章学习目标

● 理解企业发展过程中产品市场和资本市场的联系。

● 了解资本市场的构成与作用。

● 理解企业产品经营与资本经营的关系。

● 掌握资本经营的基本内容。

● 理解公司理财的内容构成与功能。

1.1　企业成长的双翼

1.1.1　产品市场和资本市场的作用

产品市场作为企业存在的基础，决定了企业在市场中的竞争力和生存能力。企业通过不断创新和优化产品，满足消费者需求，提升市场占有率，从而实现规模的扩大与品牌的提升。在这一过程中，研发投入、生产能力和市场营销策略等的有效配置至关重要。企业需要深入了解市场动态，精准定位目标客户，持续改进产品质量和服务水平，以保持在激烈竞争中的优势地位。同时，产品市场的健康发展也为企业带来了稳定的现金流和盈利能力，这为企业后续的发展提供了坚实的经济基础。没有强大的产品市场，企业难以形成持久的竞争力，难以在行业中占据有利位置，进而影响其长期的成长与壮大。

资本市场作为企业发展的另一重要支撑，提供了必要的资金保障和资源配置机制，弥补了产品市场在资金需求上的不足。资本市场通过股票发行、债券融资、风险投资等多种金融工具，为企业提供了多元化的融资渠道，满足其在不同发展阶段的资金需求。正如经济学家米尔顿·弗里德曼所言，"资本市场是经济增长的关键驱动力之一"（Friedman，1962）。资本市场不仅为企业的研发、市场扩展和技术创新提供了充足的资金支持，还通过有效的资本配置机制优化资源分配，提升企业的运营效率。此外，资本市场的风险管理和价格发现功能，帮助企业更好地评估自身价值，制定科学的投资决策，增强抗风险能力。

> **客户关系管理（CRM）和投资者关系管理（IRM）是企业成长的双翼，产品市场与资本市场相辅相成，共同支撑着企业的持续发展。**

如图 1-1 所示，在企业成长过程中，资本市场与产品市场相辅相成，前者为后者提供了必要的资金支持和资源优化，后者则通过稳健的市场表现增强企业的融资能力和市场吸引力。两者的协同发展，使企业能够在资本的助力下快速扩展市场份额，实现技术升级与国际化布局，从而推动企业迈向更高的发展阶段。

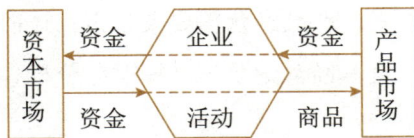

图 1-1　资本市场与产品市场的关系

1.1.2　企业的产品经营与资本经营

产品经营与资本经营作为企业两项核心职能，在企业成长过程中发挥着各自独特且互补的作用。

产品经营，是指企业在产品生命周期内，进行的市场调研、产品设计、开发、生产、营销以及售后服务等一系列活动。

产品经营旨在满足消费者需求，提升产品竞争力，最终实现销售目标和市场份额的扩大。产品经营关注的是产品本身的创新、质量、功能以及市场定位，强调通过优化产品组合和提升产品附加值，增强企业在市场中的竞争优势。

资本经营，是指企业在资金筹集、配置、运用及风险控制等方面进行的管理活动。

资本经营的核心在于有效利用资本资源，以支持企业的生产经营活动和战略发展目标。其主要职能包括资金的筹措（如发行股票、债券）、资本结构的优化（如债务与权益的平衡）、投资决策（如资本预算、项目评估）以及风险管理（如流动性管理、杠杆控制）。

产品经营与资本经营在企业管理中各有侧重，其区别主要体现在以下几个方面。

管理对象不同。产品经营的主要对象是产品及其相关的市场活动，关注产品的研发、生产、销售及市场反馈；而资本经营的对象则是企业的资金及其运作，侧重于资本的筹集、配置与管理。

目标侧重点不同。产品经营的目标是通过优化产品组合和提升产品竞争力，实现销售增长和市场占有率的提升；资本经营的目标则是通过优化资本结构和提高资本使用效率，确保企业的财务稳健和可持续发展。

技能与知识要求不同。产品经营需要具备市场调研、产品设计、营销策略等方面的专业知识；资本经营则要求掌握财务分析、资本市场运作、风险管理等方面的技能。

时间视角不同。产品经营通常具有较强的市场导向和短期响应特性，需迅速适应市场变化；资本经营则更多关注长期的资本规划与战略布局，强调资金的长期使用与风险控制。

1.1.3　企业资本经营的特征

资本经营具有如下三大特征：

资本经营的流动性。资本能够带来价值增值，资本的闲置就是资本的损失，资本经营的生命在于运动，资本是有时间价值的，一定量的资本在不同时间具有不同价值，今天的一定量资本，比未来的同量资本具有更高的价值。

资本经营的增值性。实现资本增值，这是资本经营的本质要求，是资本的内在特征。资本流动与重组的目的是实现资本增值的最大化。企业的资本运动，是资本参与企业再生产过程并不断变换其形式，参与产品价值形成运动，在这种运动中使劳动者的活劳动与生产资料的物化劳动相结合，资本作为活劳动的吸收器，来实现资本的增值。

资本经营的不确定性。资本经营活动，风险的不确定性与利益并存。任何投资活动都是某种有风险的资本投入，不存在无风险的投资和收益。这就要求经营者在进行资本经营决策时，同时考虑资本的增值和存在的风险。从企业的长远发展着想，企业经营者要尽量分散资本的经营风险，把自己的资本分散出去，同时吸收其他资本参股，实现股权多元化，优化资本结构来增强资本的抗风险的能力，保证风险一定的情况下收益最大。

1.1.4　企业资本经营的内容

企业资本经营的内容可以分为以下几个方面：

资本募集。企业进行生产经营和资本经营的前提条件是要有足够数量的资本，因此，资本募集是资本运营的首要环节。所谓资本募集，是指企业为了满足各项经营的需要，筹措和集中所需资本的过程。

投资决策和资本投入。投资是指将所募集的资本投入使用，从事生产经营和资本经营活动，以达到经营目的并获得良好的经营效益。在资本筹集和投入使用之前，必须正确进行投资决策。投资决策是资本经营的一个关键性环节，投资决策是否正确，直接决定着资本经营的成败。

资本运动与增值。企业将筹集的资本按投资决策投入使用，开始了资本运动过程，资本在运动中实现增值。

资本经营增值分配。资本在经营中实现的增值，一部分以利息形式支付给贷款者，其余部分与企业自有资本经营实现的增值合并，作为企业投资者（所有者）的利润，按规定缴纳所得税. 从税后利润中提取盈余公积金和公益金，然后向投资者分配利润。

股份有限公司除了以现金支付股利以外，还可以采用股票股利方式，即将应付普通股股利转作股本。企业还可以将盈余公积转增资本金，从而扩大资本经营的规模。

1.1.5　资本在企业成长过程中的作用

假想你去创办一个企业，在起步阶段，资金的来源往往是最为关键的第一步。通常，创始人会自筹一部分初始资金，可能来自个人积蓄、向亲朋好友借款等，这构成了企业的"第一桶金"。此时，每一分钱都需要精打细算，用于完成企业的设立登记、租赁办公场地、购置简单办公设备等基础事务，确保企业有一个初步运作的框架，资金开始从创始人流向这些前期筹备事项，开启它的第一轮流转。

当企业雏形初现，产品或服务研发成为核心任务。资金被大量投入研发环节，聘请专业技术人员、购买研发材料等，此时资金流出速度加快，而流入却几乎为零，企业面临资金只出不进的"烧钱"困境。问题随之而来，如何撑过这段艰难时期？或许你会寻求天使投资人的帮助。天使投资人看中企业的潜力，注入一笔资金，让企业的资金池得到补充，资金流转得以延续，他们换取一定比例的股权，成为企业早期的股东。

产品研发成功后，进入市场推广阶段，资金流向广告宣传、拓展销售渠道、参加展会等活动，旨在吸引客户购买产品或服务。如果市场反响良好，订单纷至沓来，企业开始有了销售收入，资金从客户手中回流到企业，完成一次正向的资金循环。但新的疑问是，这笔回笼资金该如何分配？一方面，要预留一部分用于维持日常运营，支付原材料采购费用、员工工资等；另一方面，为扩大生产规模、提升产能，满足不断增长的市场需求，部分资金会再次投入设备更新、厂房扩建中，资金持续流转，企业逐步从小到大发展。

随着企业规模扩大，盈利稳定增长，可能会面临进一步的发展瓶颈，例如开拓新市场、进行产业升级等需要巨额资金，银行贷款成为一种选择。银行依据企业过往经营业绩、资产状况等给予授信额度，企业获得贷款后，资金再次注入发展引擎，投入新项目开发，但同时也背负上还款付息的压力，这对资金流转又提出更高要求。

在整个过程中，股东财富如何增长呢？资本市场凭借其资源配置功能，促使资金流向优质企业，在企业茁壮成长同时，让出资人收获丰厚回报，实现互利共赢。早期天使投资人，随着后续多轮融资以及企业盈利积累，企业估值不断攀升，他们手中股权的价值水涨船高。当企业发展到一定阶段，选择上市公开募股，面向更广泛的投资者发行股票，企业进入资本市场的聚光灯下，这是一个关键转折点。上市为企业带来巨额资金用于战略布局，原始股东的股权进一步稀释，但因公司市值大幅提升，他们的财富实现爆发式增长。普通股东则通过企业盈利分红、股价上升带来的资本利得实现财富增值。

> **资本市场在企业从萌芽到壮大的征程中扮演着不可或缺的角色。**

❱ 1.2　资本市场概述

1.2.1　金融市场概述

金融市场是资金融通的核心场所，是现代化经济体系中最为关键的组成部分之一。它并非一个单一的实体，而是由多个相互关联、协同运作的子市场共同编织而成的庞大网络。

金融市场的构成复杂，涵盖货币市场、资本市场、外汇市场、黄金市场等诸多领域。每个子市场都有着独特的运行机制与功能定位，却又彼此影响，紧密交织。货币市场主要负责短期（一年以内）资金的融通，包括金融同业拆借市场、回购协议市场、商业票据市场、银行承兑汇票市场、短期政府债券市场、大额可转让定期存单市场等货币市场子市场；而资本市场则专注于长期（一年以上）资金的借贷和证券交易。

货币市场，是金融市场的"短期资金蓄水池"。在这个市场中，参与者众多，包括商业银行、企业、政府以及各类金融机构。一方面，商业银行通过同业拆借，灵活调配资金余缺，确保自身资金的流动性，满足法定准备金要求的同时维持日常业务的顺畅运转；另一方面，企业则在此发行短期商业票据，以较低的成本快速筹集运营资金，满足季节性生产、原材料采购等短期资金需求。

资本市场则聚焦于长期资金的融通，分为股票市场与债券市场两大核心板块。关于资本市场，我们需要了解资本市场构成及其功能。

什么是资本市场？

资本市场是一个股票经济术语，是指期限在一年以上各种资金借贷和证券交易的场所。资本市场是政府、企业、个人筹措长期资金的市场，包括长期借贷市场和长期证券市场。在长期借贷中，一般是银行向组织或个人提供长期资金用于投资或消费；在长期证券市场中，主要是股票市场和长期债券市场。资本市场上的交易对象是一年以上的长期证券。因为在长期金融活动中，涉及资金期限长、风险大，具有长期较稳定收入，类似于资本投入，故称之为资本市场。资本市场是金融市场三个组成部分之一，是进行长期资本交易的市场。长期资本是指还款期限超过一年、用于固定资产投资的公司债务和股东权益——股票。与调剂政府、公司或金融机构资金余缺的货币市场形成对照。

资本市场的运作原理是什么？

资本，在经济学意义上，指的是用于生产的基本生产要素，即资金、厂房、设备、材料等物质资源。在金融学和会计领域，资本通常用来代表金融财富，特别是用于经商、兴办企业的金融资产。广义上，资本也可作为人类创造物质和精神财富的各种社会经济资源的总称。本质上，资本就是财富，通常形式是金钱或者实物财产。资本市场上主要有两类人：贷款人和放贷人。贷款人主要是需要进行投资的人，放贷人则是希望通过借出或者购买资产进而谋利的人。

资本市场的参与者如图 1-2 所示，包括放贷人（资金提供者）、贷款人（资金需求者）、中介机构（如证券交易所、银行）以及监管机构。

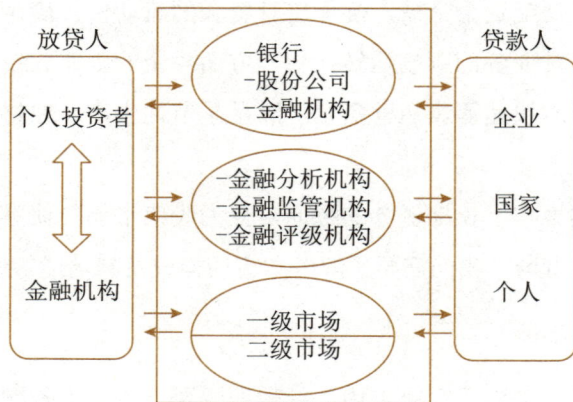

图 1-2　资本市场参与者

1.2.2　资本市场的构成

资本市场可以按照不同的维度理解其构成。

按照交易品种分类，资本市场主要包括长期借贷市场和长期证券市场两大部分。

长期借贷市场通常由银行和其他金融机构构成，这些机构通过提供长期贷款，支持企业的资本性支出和扩展计划。

长期证券市场则由股票市场和债券市场组成，股票市场为企业提供股权融资渠道，使其能够通过发行股票筹集资本；债券市场则为企业和政府提供债务融资渠道，通过发行长期债券募集资金。广义上的证券市场指的是所有证券发行和交易的场所，狭义上，证券市场指的是股票、债券、商品期货、股票期货、期权、利率期货等证券产品发行和交易的场所。

按照功能分类，资本市场可以分为一级市场和二级市场。

一级市场即发行市场，企业在此完成首次公开发行（IPO），投资银行等中介机构协助企业定价、承销股票，将新发行股票销售给机构投资者、个人投资者等。

二级市场是已发行股票的流通市场。全球知名的证券交易所有纽约证券交易所、纳斯达克，以及我国的上海证券交易所、深圳证券交易所、北京证券交易所等，它们为股票提供了集中、连续、公开的竞价交易平台。在二级市场上，已经发行的证券不断地被交易。

证券市场是市场经济发展到一定阶段的产物，是为解决资本供求矛盾和流动性而产生的市场。证券市场以证券发行和交易的方式实现了筹资与投资的对接，有效地化解了资本的供求矛盾和资本结构调整的难题。在发达的市场经济中，证券市场是完整的市场体系的重要组成部分，它不仅反映和调节货币资金的运动，而且对整个经济的运行具有重要影响。

证券市场的构成要素主要包括参与者、交易工具和交易场所三个方面。证券市场的参与者包括证券发行人、证券投资者、证券市场中介机构、自律性组织、证券登记结算机构、证券监管机构。证券市场的交易工具主要包括股票、债券、基金、衍生品等。公司发行股票或债券可以募集资金，利用衍生品（期货和期权）可以对冲风险或投机。基金可以汇集众多投资者的小额资金投资于多样化资产组合，这些交易工具在不同交易场所满足不同投资者的需求。证券交易场所包括场内交易市场和场外交易市场两种形式。场内交易市场是指在证券交易所内进行的证券买卖活动，这是证券交易场所的规范组织形式；场外交易市场是在证券交易所之外进行证券买卖活动，它包括柜台交易市场（又称店头交易市场）、第三市场、第四市场等形式。

证券市场具有以下三个显著特征：第一，证券市场是价值直接交换的场所。第二，证券市场是财产权利直接交换的场所。第三，证券市场是风险直接交换的场所。

1.2.3　中国资本市场的发展

中国资本市场经历了从无到有、从小到大的发展过程。1990 年，沪深两大证券交易所的成立标志着中国资本市场的正式诞生。在过去的三十年中，中国资本市场取得了显著的成就，上市公司数量和市值均实现了大幅增长。截至 2024 年，上市公司数量已超过 5 300 家。中国资本市场的发展历程不仅是中国经济快速发展的缩影，也是中国金融体系不断成熟和完善的体现。

中国资本市场的发展经历了几个重要阶段。第一个十年是探索中发展的十年，资本市场虽不成熟，却为后续发展奠定了良好基础。第二个十年，股权分置改革让证券市场重生，这一改革举措对市场影响深远。2011 年至今，多层次市场初具规模，资本市场日趋成熟。

上海证券交易所主板于 1990 年 12 月 19 日成立，深圳证券交易所主板在 1991 年 7 月 3 日开启运营。截至 2024 年，沪深主板汇聚 3 000 多家大型国有企业与成熟企业，总市值规模巨大，是国民经济的支柱力量展现平台。其主要功能定位是为大型、成熟且业绩稳定的企业提供融资渠道，支持重大产业项目建设，发挥稳定市场、引导资源向支柱产业汇聚的关键作用，凭借严格的上市标准保障投资者权益，奠定资本市场稳健发展基石。

2004 年 5 月深交所设立中小企业板，2021 年 4 月与深交所主板合并，它曾面向规模较小却成长性优良的中小企业，上市条件较主板略宽松，是中小企业迈向资本市场的进阶阶梯，助力一批细分领域潜力股崭露头角，推动中小企业在成长关键期获得资金加速扩张。

2009 年 10 月诞生的创业板，截至 2024 年，上市公司数量达 1 300 多家。重点聚焦高科技、高成长创业型企业，为处于成长期、创新能力突出的企业提供融资机会，特别是在信息技术、生物医药等前沿领域，激发创新创业热情，加速科技成果转化，成为新兴产业发展的助推器。

科创板设立于 2019 年，上市公司达 581 家，专为符合国家战略、突破关键核心技术的科技创新企业量身打造，允许未盈利企业上市。2021 年 11 月 15 日开市的北京证券交易所，截至 2024 年，上市公司有 260 家，聚焦服务创新型中小企业，侧重于先进制造业与现代服务业，与沪深交易所错位发展，降低中小企业融资门槛，提供更包容的上市环境。

1.2.4 资本市场与公司理财

企业无论通过资本经营还是基于产品经营，最终目标都是提高资源的有效配置，实现价值创造。在产品市场上，基于实物资产的管理是企业实现价值变现的根本路径，也是绝大多数管理者所熟知的领域。但是资本市场对于企业经营决策的影响逻辑被很多管理者忽视。其实，资本市场与公司财务决策制定以及结果紧密相连。

资本市场的发展为企业提供了多样化的融资工具，包括债券发行、股票发行等，这些工具不仅满足了企业的资金需求，也影响了企业的融资成本和规模。资本市场的定价功能有助于企业评估资产的内在价值，优化资源配置。企业的财务决策，如资本结构的调整、股利政策的制定、投资项目的评估等，都需要参考资本市场的信息和反馈，通过最优决策来获得利益相关者的支持。资本市场的价格信号引导企业投资决策。若股票市场对新能源板块热情高涨，相关企业股价攀升、市盈率可观，意味着市场看好该领域前景，企业便会加大对新能源项目研发、生产线扩充的投入，反之则调整策略。同时，企业的经营决策需要考虑资本市场的波动性和投资者的关注度，这促使企业在决策上更加注重财务信息的真实性和透明度。资本市场的监控作用也使得企业管理者在进行财务决策时更加慎重，注重财务风险控制和资金利用效率。

众多管理者普遍展现出对产品市场的深刻理解与专业素养，堪称产品市场的行家；然而，在资本市场的运作逻辑与规则面前，他们却往往显得较为陌生。

一个学员的经历

A 企业开始有上市计划，几位合伙人发现自己对资本市场的运作机制知之甚少，甚至在与外聘董事会秘书的沟通中也遭遇了障碍。面对此困境，三位合伙人经过深思熟虑，决定采取一项策略性举措：对各自的学习能力进行评估，选拔出最具潜力的一员，优先送入商学院深造，希望能快速掌握并理解资本市场的运作逻辑。

1.3 公司理财的功能

1.3.1 公司理财的学科定位

纽约大学商学院的某位知名教授曾提出以下观点："企业的每一项决策均蕴含着财务意义，而任何能够影响企业财务状况的决定，本质上均为企业的财务决策。因此，从广义视角审视，企业内的所有活动均可纳入公司理财的范畴之内。"此论断虽具启发性，但并非绝对，其目的在于引导我们认识学术界对公司理财边界的界定。

与公司理财密切相关的学科领域，有会计学与财务管理。这三者构成了财务管理知识体系的重要组成部分。具体而言，公司理财、会计学与财务管理知识相互交织，共同服务于企业的生存与可持续发展。

公司理财关注的范畴广泛，涵盖了企业内所有直接或间接影响最终财务绩效的活动。无论是销售、采购、技术研发还是行政管理岗位，只要涉及决策制定且该决策能够影响企业财务状况，均属于公司理财的考察范畴。这意味着，在公司内部，各层级员工在履行职责时，均需具备公司理财的思维模式，以确保决策的科学性与有效性。

进一步探讨理财与会计的区别，可借助时间轴的概念进行阐述。会计，指财务会计，主要聚焦于历史数据的记录与呈现，遵循既定的会计准则，为企业提供一种静态、回顾性的财务信息。而理财，则更侧重于在不确定环境下对资金的跨期最优配置，强调对未来趋势的预判与风险管理。因此，风险与时间成为理财学科的核心关注点。

尽管会计与理财在分析方法上存在显著差异，但二者并非完全孤立。作为投资决策者，在为企业制定策略时，需全面了解企业的财务状况与运营能力，而财务报表作为会计工作的直接成果，为这一过程提供了重要依据。因此，会计学基础对于深入理解公司理财至关重要，但两者在思维逻辑与问题解决策略上仍有着本质的区别。

财务管理与公司理财之间存在何种差异？从知识体系的层面来看，主要的差异体现在管理内容及目标的不同。财务管理，作为一个更为宽泛的概念，通常涵盖企业资金运作的各个方面，包括资金筹集、投资运用、成本控制以及利润分配等。它侧重于企业的日常财务管理活动，确保企业资金的有效流动与合理使用。

公司理财则更侧重于从战略高度出发，关注企业的长期财务规划与风险管理。它不仅涵盖了财务管理的具体内容，还进一步延伸至资本结构优化、投资决策分析、风险管理策略等更高层次的财务决策领域，旨在通过科学的财务规划与决策，实现企业价值的最大化。

一个有趣的比较

我在为企业提供咨询和培训的过程中遇到了两位完全不同的财务经理。其中一位是一家民营企业 A 的财务部经理，另一位是一家上市公司 B 的财务部门负责人。与他们两个的互动让我印象深刻，因为虽然都是财务负责人，但是他们所在企业对他们的职能定位差异明显。A 企业的财务部经理不太懂财务方面的知识，他作为财务部经理的主要任务是与银行打交道。而 B 企业的财务负责人主要职责是带领团队，为企业创造利润。

同样是企业财务负责人，他们的职责却大相径庭。传统的财务部门负责人可能更多地负责财务关系的组织、协调和融资工作；而现代企业的理财观念则希望财务管理人员能够成为决策管理专家，除了进行基本的财务分析外，还能为企业做出重要决策进而创造价值。因此，现代企业的理财不是要求大家成为财务部经理或CFO，而是希望所有做决策的人都能了解在资本市场环境下实现财富增值的逻辑。简而言之，公司理财的目标是运用财富实现财富增值，而非简单的资金融通。所以，公司理财是一门关注创造财富、以实现财富增值为目的的课程，它与财务和会计有着本质的区别。

1.3.2　公司理财的决策功能

公司理财强调财富增值的逻辑。还是引用之前财务负责人的例子，财务部负责人不管是负责财务关系的协调，还是负责财富增值，相关工作一定是和资本市场打交道，而其他的管理人员比如说HR（人力资源管理人员）等，不一定直接和资本市场打交道。因此，公司理财关注更多的是资本市场的游戏规则。

一个经典场景

在射雕英雄传里有一位叫瑛姑的人，她一辈子都在研究九宫格的填写逻辑，要把1、2、3、4、5、6、7、8、9放到9个格子里面，要横看竖看斜看加起来的和是相等的。瑛姑研究了一辈子，头发都搞白了，也没研究明白，而黄蓉在填九宫格时几下就成功了，因为她知道有个很关键的步骤，做对了很容易成功，那就是5必须放在中间格。

在企业价值创造的过程中，面对资本市场和产品市场两个重要的场所，有人把公司理财比喻成九宫格中的5，因为它是连接两个市场的关键节点。

企业的价值创造是一个复杂且环环相扣的过程，涉及众多环境相关决策。如图1-3所示，在核心价值创造流程上，采购与供应过程、生产过程、营销过程依次推进，构成了价值从投入到产出并实现市场转化的链条，采购与供应过程为生产提供必要资源，生产过程将资源转化为产品或服务，营销过程则把产品推向产品市场实现价值变现。同时，人力资源管理、信息技术、创新以及政府关系等活动提供全方位支持。人力资源管理保障人才供给，信息技术助力流程优化，创新推动企业发展，良好的政府关系营造有利的外部环境。

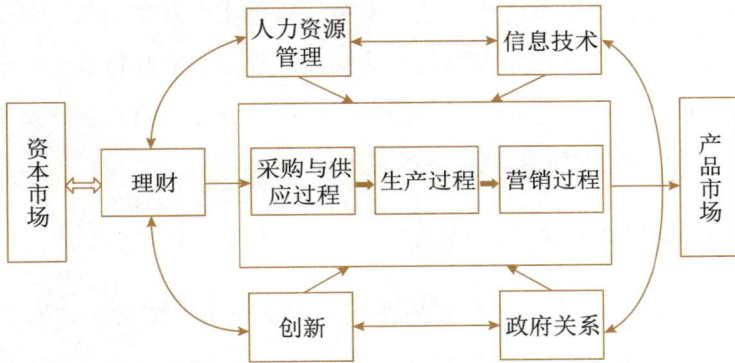

图 1-3 企业创造财富的过程

公司理财在其中扮演着关键角色。它连接资本市场与产品市场，从资本市场获取资本，为企业运营"供血"；并通过合理配置资金，保障各价值创造环节的顺利开展。公司理财融资决策决定了从资本市场上获得什么样的资源以及获取资源的成本，投资决策决定了获取的资源如何有效配置才能在产品市场上更好地变现。所以公司理财所关注的投融资决策，是企业财务资源获取及实现资本增值的基础支持。

企业不仅可以通过产品市场实现财富增值，也可以通过资本市场创造价值。麦肯锡对 20 世纪 90 年代美国化工企业的资产剥离行为进行了调查。二十年间，美国化工行业给投资人提供的回报低于标普 500 指数的平均，具体仅为 15% ~ 17%。基于投资回报率的考量，化工行业企业倾向于剥离表现不佳或盈利能力较弱的资产，这是财务管理中的常见策略。在此过程中，这些被视为非核心资产的资产往往被转让给专门从事杠杆收购（leveraged buyouts，LBO）的公司。

麦肯锡的调研揭示了一个耐人寻味的现象：那些被化工企业剥离并转售给 LBO 公司的资产，在 LBO 公司的管理下，其投资回报率竟反超市场平均水平。麦肯锡的调研进一步证实，这种增值能力三分之二源自运营效率的大幅提升，而剩余的三分之一则归功于资本市场的有效运作。这一发现强调了企业不仅能在传统产品市场中创造价值，亦能在资本市场中通过金融手段实现财富的显著增值。

为何资本运作专家能够比行业专家更有效地实现财富增值？显然，LBO 公司凭借其深厚的资本运作能力与专业知识，成功挖掘并释放了被低估资产的潜力。相较之下，尽管化工行业拥有高度的专业性，但其资产管理在资本运作专家的手中似乎更能实现财富的最大化。

1.3.3　公司理财的管理实践

公司理财是一门关注于决策的课程，狭义地讲，所有和资金流转（筹集、投放、运用和分配）相关的决策都属于公司理财关注的范畴。所以，公司理财存在于一系列的企业管理实践中。

在企业内部，资金的流转过程包括了多个关键环节，每一个环节都涉及公司理财的核心关注点。首先，企业需要考虑如何筹集资金，这涉及资金的来源、筹资方式以及筹资成本。其次，筹集到资金之后，企业必须进行有效的资金配置，确保资金能够被分配到最需要和最能产生效益的地方。再次，资金投放后获得的投资收益如何合理分配，也是公司理财需要关注的问题，这关系到股东、债权人以及其他利益相关者的利益分配。最后，日常运营资金的管理是保证企业正常运转的关键，公司理财需要关注如何高效管理这些资金，以支持企业的日常经营活动。

在资本市场上，风险和收益是相伴相生的，这是资本市场的一个基本规则。因此，公司理财不仅要关注企业的收益率，还要评估企业承担了哪些风险，以及这些风险是否得到了合理的补偿。企业需要了解其承担的风险与所获得的收益是否匹配，以确保投资决策的合理性。这包括对市场风险、信用风险、流动性风险等不同种类风险的识别、评估和管理。

企业投入的资金使用效率是价值创造过程中的关键因素。公司理财需要关注如何估算投入资金的成本，以及如何优化融资结构来降低资金成本。提高资本效率，确保企业能够有效地利用资本来创造价值，是公司理财研究的重要内容。此外，评估企业是否实现了价值创造，包括对企业的财务表现、市场表现以及长期发展潜力的综合考量，也是公司理财的重要组成部分。

从企业存在的合法性逻辑出发，公司理财需要明确企业的理财目标是什么，这涉及企业的使命、愿景以及战略规划。资本市场如何影响企业理财目标的演化，以及企业如何适应这些变化，是公司理财分析的重要内容。为了支持企业的高质量成长，公司理财需要研究如何合理配置资源，以及如何评估企业的可持续增长能力。这包括对企业内部管理、市场定位、产品创新以及外部环境适应能力的全面分析。

本章思考题

1. 请举例说明一家企业在发展初期，产品市场的表现是如何影响其在资本市场上的融资能力的。

2. 阐述资本市场中的股票市场和债券市场对于不同规模企业（如小微企业与大型上市公司）作用的差异。

3. 请阐述资本市场的构成与功能。

4. 分析当企业决定扩大产品线时，资本经营是如何配合产品经营来提供资金与资源支持的。

5. 简述资本市场中的风险投资机构是如何通过投资助力初创企业的产品走向市场并实现规模化的。

6. 分析公司理财在企业产品经营与资本经营关系中的作用。

7. 解释为何有些企业产品市场份额很高，但在资本市场上却不被看好。这背后反映了产品经营与资本经营之间怎样的脱节问题？

第2章
公司理财的目标演化

引导案例

富贵鸟，一家20世纪90年代创立的福建鞋企，在国内制鞋领域曾声名赫赫。千禧年后凭借时尚设计与过硬品质，皮鞋畅销全国，连续多年盈利，品牌家喻户晓，专卖店遍布各大城市商业中心，年销售额一度高达数十亿元。然而，2007年前后，它踏上了多元化扩张的"险途"，重金进军开发周期长、资金回笼慢的商业地产领域，欲打造城市综合体跨界盈利。与此同时，为品牌升级与拓展市场，在营销上挥金如土，邀明星代言、赞助热门综艺、大肆投放广告，虽然品牌热度攀升、销量短期上扬，但营销成本暴增，大量资金流出却难以及时转化为等额现金流流入。

2012年后，电商的冲击致使实体零售遇冷，富贵鸟线下门店业绩跳水，主营业务收入大减，而此前投入房地产与营销的资金深陷泥沼未回本，银行贷款、供应商货款、债券本息等债务却纷至沓来。2017年，即便财报有时会显示盈利，可资金链还是断裂，资金缺口巨大，最终只能走向破产重整，曾经的鞋王就此落寞，尽显盲目扩张、资金管控不力的悲剧。[1]

---

① 资源来源于：吴晓如.从富贵鸟的衰败浅析企业多元化经营战略 [J]. 纳税，2019，13（30）：169-170.

本章学习目标

- 了解企业发展过程中的目标演化。
- 理解企业理财目标演化的逻辑。
- 理解利润最大化目标的合理性与缺陷。
- 掌握价值最大化目标的内涵。
- 理解企业理财目标实现的阻碍与相应的公司治理问题。

2.1　利润最大化目标分析

2.1.1　从盈利到财富增值

公司理财是有意识的管理行为，因而必须具有明确的目标。同时，公司财务决策应当服从于公司整体发展战略，从这个意义上讲，公司理财的目标也就是公司的目标。公司理财的目标是什么？应该如何去衡量企业是否实现了财富增值？公司理财否定了传统的利润最大化目标，而把价值最大化作为目标选择，并根据这一目标提出了相应的财务决策模型和方法。事实上，不同状态不同阶段的企业理财目标是不一样的。

初创期的企业资源有限，主要经营目标是生存下来。企业需要确保有足够的资金支持日常运营和未来发展。当企业度过初创期进入成长期后，企业的经营目标转向扩大市场份额和提高盈利能力。同时还需要关注内部管理，建立完善的组织结构和管理体系。进入成熟期后，企业已经拥有稳定的市场份额和较高的品牌知名度，市场增长速度放缓。此时，企业的经营目标是保持市场地位，提高运营效率，实现价值最大化。进入衰退期时，经营目标转变为维持现有业务，延长产品生命周期，或者寻找新的增长机会。

从资源配置角度，如图 2-1 所示，企业所有的出资人对企业出资实现第一次资源配置，接下来在不同的发展阶段，企业基于不同的目标实现资源的第二次优化配置，最终实现生存、发展的目标。

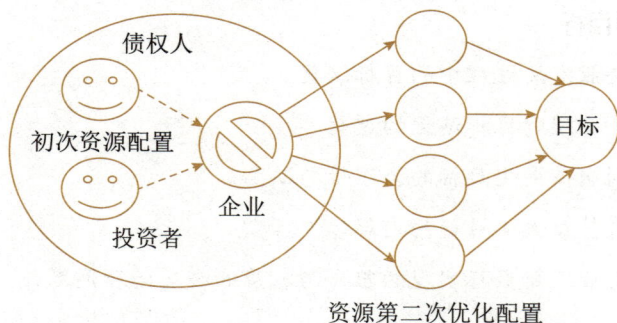

图 2-1　资源优化配置

一位 EMBA 学员的疑问

当我在课堂上问大家企业经营的目标是什么，绝大部分人都会立刻回答是盈利。那么企业为什么一定要盈利呢？一位企业老总的回答让我印象深刻。他说："若企业无法盈利，如何支付员工的薪酬？"他的逻辑在于，企业存在的目的是供养员工，没有员工企业就无法生存了。

从法律角度来看，企业的存亡由谁来决定？答案是法人或股东，更具体地说，是股东。有时，我们会遇到一些看似存在但实际上已沦为空壳或僵尸的企业。这些企业虽然在市场上仍有一定的活动迹象，但实际上已经失去了真正的运营活力。这往往是因为在法律层面上，决定企业存亡的"临门一脚"未能得到妥善处理，导致企业形式上依然存续。

那么，企业为何存在？是因为出资人或股东需要设立企业吗？企业的生命周期，从成立到因经营不善而消亡，都需要经过一系列的法律程序，如破产清算等。在这个过程中，谁才是决定企业生死的关键？尽管员工们都非常努力，但如果老板决定放弃，企业同样会面临关门大吉的命运。

从资本市场的逻辑出发，企业为何需要盈利？其最基本的使命是生存，让那些因出资而让企业得以存在的人感到满意。出资人在做出投资决策时，期望获得相应的回报。如果他们对企业的业绩不满意，就会选择撤资，从而导致企业无法继续运营。

　　资本市场有一个基本且重要的理论——OPM（other people's money）理论。从管理者的角度来看，企业是在利用他人的资金进行运作，无论是股东、债权人的资金还是上下游的占款，都不是企业自有资金。这些资金并非免费使用，而是需要支付相应的成本。这就是资本市场的逻辑。这也意味着企业有一个最基本且天生的使命：帮助出资人实现满足其期望的回报。

　　统计数据显示，20 世纪全球各大股市的长期投资回报率超出无风险收益率 6 个百分点。这一信息涉及了两个关键概念：股票的长期投资回报率和无风险收益率。前者代表股东们对企业进行长期投资的平均回报；后者则可以类比为国债或银行存款的收益率。这两者的差值平均达到 6%，说明股东或出资人在向企业投资时，期望获得的平均回报率应高于无风险收益率一定的幅度。如果企业的回报率长期低于这一水平，出资人将会感到不满并可能选择其他投资机会。

　　因此，从企业的角度来看，实现财富增值是一项至关重要的任务。如果企业仍然只关注销售收入和净利润等财务指标而忽视资本市场的逻辑，可能会导致企业虽然自认为表现良好，但在资本市场上不被认可。

　　为了对价值最大化目标有一个完整的了解，本节首先对传统的利润最大化目标进行必要的评述。

2.1.2　利润的缺陷

一 个 问 题

　　某企业成立于三年前，创立之初资本投入为 1 000 万元。随后，第一年出现亏损 200 万元，第二年亏损加剧至 300 万元，第三年继续亏损 400 万元。依据此财务轨迹，截至当前时点，该企业账面余额缩减至 100 万元。那么，在此刻，该企业是否为股东实现了资本增值？

　　从账面数值上看，该企业目前处于亏损状态。然而，这并不意味着企业未能在实质上创造价值。可能存在的情形是，企业通过一种特殊的财务处理方式——超额费用化，即可能将本应计入利润的部分资金，以研发投入、建设性项目开发等名义全额确认为费用支出，从而导致会计账目上显示为亏损。这里需强调的是，此过程排除了财务造假的假设，可能是基于合理的会计操作。进一步而言，这种超额费用化的做法，虽然短期内减少了企业的会计利润，但从长远视角来看，可能是为了支持企业的长期发展与创新能力建设。因此，单纯以当前的账面亏损来评判企业是否创造价值过于片面。

　　设想该企业现正寻求出售，标价定为 5 000 万元，并已向市场释放此意向。此时，我们探讨的是该标价是否具备合理性与实现的可能性。值得注意的是，尽管该企业账面上连续出现亏损，且当前账面余额仅剩 100 万元，却仍有买家愿意以高达 5 000 万元的价格购入。这一现象背后，显然超越了简单的账面盈亏考量。买家所看重的并非企业过去的亏损纪录，而是其未来创造收益的能力。他们可能已预见并接受短期内可能继续亏损的风险，但坚信该企业具备在未来实现可观收益的潜力，且经过谨慎评估后，这些未来收益的预期价值至少等同于或超过 5 000 万元的购买成本。因此，若市场上确实存在以 5 000 万元收购该企业的交易意向，则足以表明该企业当前正为投资者创造价值。

　　这一实例进一步印证了，单纯的利润指标并不能全面反映企业的经营状况与未来发展前景；即使企业短期内实现盈利，也并不能直接等同于其整体运营状况良好。反之亦然，成立之后持续亏损的企业，同样能够吸引投资者的青睐。

　　利润最大化目标的观点认为：利润代表了企业新创造的财富，利润越多则说明企业的财富增加得越多，越接近企业的目标。在实践中，人们也都习惯于将利润指标作为考核公司经营绩效的主要指标。

　　从经济学的角度讲，将利润最大化作为企业的目标具有一定的合理性，因为利润是企业生存与发展的必要条件，也是考核企业经营绩效的一个可行指标。企业是一个以营利为目标的组织，逐利是企业与生俱来的本性，其出发点和归宿都是盈利。没有利润就没有生存的意义，因为对利润的追求是企业发展的最原始的动力；没有利润就没有生存的可能，因为企业生存下去的基本条件（即以收抵支与到期偿债）无法得到满足。

但是，从管理的角度看，利润指标存在着许多根本性的缺陷，这使得它无法准确地反映公司的真实财务业绩。这些缺陷可以归纳为两类：一类是定义本身的问题，另一类是利润核算的问题，即所谓的利润操纵。正是由于上述缺陷的存在，以利润最大化为目标的管理（即利润管理）可能导致一些牺牲企业长期利益的管理行为。

1. 利润定义的缺陷

利润是一个会计指标，作为一个阶段之内公司经营成果的度量，通过当期的损益表反映出来。从定义本身考虑，会计利润主要存在以下 4 个问题。

成本的不完全性

会计利润的定义中只扣除了以利息形式反映的债务资本成本，没有考虑权益资本成本的问题。将股东出资视为"免费的午餐"，忽略权益资本成本的存在会给管理带来许多负面影响，如对资本使用效率的忽视。因此，以利润为目标可能会导致管理者重规模、轻效率，即只关注公司实现的利润水平，而不考虑为此占用了公司多少宝贵的财务资源。

缺乏时效性

利润的计算是基于历史的，而不是面向未来的，即它永远只能反映公司过去经营决策的结果，而不能着眼于未来。例如，企业报告的利润中往往包括了与企业的业务经营盈利能力无关的非经营性收益，如营业外收入、出售资产或政府补贴等一次性收入，未来不可能再产生。因此，从决策的角度看，利润不是有效管理企业的适时指标，拿利润当指标，就像是看着船后激起的浪花来开船。决策应当向前看：先要赢得顾客的忠诚，然后顾客才会给我们利润；先进行投资，然后才能期望有所回报；先关心我们自己的产品，然后才能期望别人也关心我们的产品。现在拿走利润，可能会伤害企业未来的成长；但现在重视企业的成长，将来利润就有可能增加。

忽略了影响财务决策的基本要素

时间和风险是影响财务决策的两个基本要素。显然，任何一个好的管理目标应当对这两个要素有比较充分的反映，即货币时间价值和风险程度的度量。然而，利润指标本身是一个静态的数字，它无法回答不同时间实现的利润之间如何比较的问题，也无法反映公司未来收益的不确定性程度。

以下是一个简单的例子来展示利润核算中忽略时间价值和风险因素可能导致的问题。

例 2-1

假设甲公司在做下一年的投资预算，需要在两个项目中选择一个项目进行投资，两个项目的投资期限相同，都是 4 年，初始投资规模相同，都需投资 1 万元。但是两个项目的未来收益情况不同，现金流量如表 2-1 所示，项目 A 是期末一次性收益，项目 B 的收益更为均衡，每年都有相同的现金流入。两个项目为互斥型项目，哪个项目更优？

表 2-1　甲公司现金流量表　　　　　　　单位　元

时间	项目 A	项目 B
第 1 年	0	4 000
第 2 年	0	4 000
第 3 年	0	4 000
第 4 年	20 000	4 000
合计	20 000	16 000

从简单的利润总计来看，方案 A 的总现金流入为 20 000 元，方案 B 的总现金流入为 16 000 元，似乎方案 A 更优。然而，如果考虑时间价值，方案 B 在前三年每年都有 4 000 元的现金流入，这些现金流入可以进行再投资或者用于其他用途产生更多的价值。而方案 A 则要等到第 4 年才能获得一笔大额的现金流入。如果采用合适的折现率对这些现金流量进行折现，可能会发现方案 B 的净现值实际上可能高于方案 A。

上面的例子基于货币具有时间价值这个逻辑非常好理解。不同时点上的收益不能简单加和，不能简单对比大小，因为他们的价值是不同的。在进行项目投资评价时，不能简单地用总利润的大小进行评价。

如果考虑风险因素，方案 A 将所有的收益都集中在第 4 年，如果在这期间出现市场变化、技术变革或者其他不可预见的风险因素，可能会导致第 4 年无法获得预期的 20 000 元现金流入，风险相对较高。而方案 B 虽然总收益较低，但每年都有较为稳定的现金流入，风险相对较小。

如果甲公司正在考虑海外经营地址，将在美国和日本这两个地点中做出选择。不同情况下的现金流量如表 2-2 所示。

表 2-2　甲公司现金流量变化　　　　　　　　单位　元

地点	悲观情况	最可能的情况	乐观情况
美国	10 000	16 000	20 000
日本	0	20 000	35 000

在美国市场，悲观情况下甲公司仍能获得 10 000 元的现金流入，这表明美国市场有一定的稳定性。即使在最不利的条件下，也能有一定的收益保障。最可能情况是 16 000 元，乐观情况是 20 000 元。现金流量的波动范围相对较小，从 10 000 元到 20 000 元，波动幅度为 10 000 元。而在日本市场，悲观情况下现金流入为 0 ，这意味着在不利条件下，甲公司可能面临没有收益甚至亏损的风险。最可能情况是 20 000 元，乐观情况是 35 000 元。现金流量的波动范围较大，从 0 到 35 000 元，波动幅度为 35 000 元。

定义的多重性

利润是一定时期公司全部收入减去相应费用后的盈余。因此，不同的费用概念对应于不同的利润口径，如营业利润（或息税前利润）、税前利润、税后利润等。

以税后利润（earnings after tax，EAT）为例，它是在扣除了所有费用后的盈余，包括利息、折旧、摊销和所得税。但是，上述费用的核算受到许多因素的影响，而这些因素与企业的主要经营活动无关。因此，税后利润数字的可靠性不能让人放心。

第一，利息（interests）的多少往往与以下两个因素有关：一是市场利率水平，它是外在的环境因素；二是企业的负债程度，它取决于企业的财务政策。例如，即使经营盈利能力不变，企业可以通过减少负债水平降低利息负担，进而增加 EAT。

第二，折旧（depreciation）和摊销（amortization）的水平则与相应的会计准则有关。例如，折旧方法的调整或折旧年限的改变都会影响折旧费用，进而影响 EAT。

第三，所得税（tax）的大小在很大程度取决于税率的高低，而后者与相关的税收政策有关。例如，税收优惠政策可以让企业少交所得税，从而增加 EAT。

考虑到上述因素的存在，EAT 可能不能真实反映企业的经营盈利能力，有必要用其他利润指标来替代。例如，用息前税后利润（earnings before interests and after tax，EBIAT；又称为税后净营业利润，net operating profit after tax，NOPAT）来消除利息因素对盈利水平的影响，用息税折旧摊销前利润（earnings before interests，tax，depreciation and amortization，EBITDA）来消除上述 4 类因素对盈利水平的影响。

一 个 例 子

某集团的现金流充裕，向专业人士征询理财建议。该集团内有大量闲置资金未有效利用。相关负责人期望寻找风险适中、收益高于 7% 的投资机会；否则宁愿维持现状，以规避潜在风险。

显然，该负责人对提升企业效益抱有殷切期望，而利润作为业绩衡量标准，在全球范围内均具普遍性。然而，在决策过程中，他对于利润的关注点——是相对利润还是绝对利润，直接影响了投资策略的制定。相对利润的逻辑，体现在对特定回报率（如 7%）的追求上，未达此标准则宁可保持资金闲置；而绝对利润则侧重于最大化利润规模，即便回报率较低（如 5%），亦视为值得投资的机会。

若以相对利润为导向，可能导致投资不足，资金未能充分利用；反之，若一味追求绝对利润，盲目扩大投资规模，则可能引发资金过度配置，进而造成现金流紧张。更为深层次的问题在于，过度关注绝对利润可能牺牲资金使用效率，影响企业的整体盈利能力和价值创造能力。

因此，利润的局限性第一点在于人们对于利润的理解存在本质差异：一部分人侧重于绝对利润的概念，而另一部分人则更关注相对利润。这种差异在深层次上影响着决策的制定，最终可能导致截然不同的结果。

2. 利润核算存在的问题

会计利润是特定会计准则下会计报告的产物，因此客观上总是存在着利润操纵的空间，即可以通过适当的会计选择，在会计准则允许的范围之内，对利润的大小进行调节。

利润操纵的基础之一是会计利润核算所依据的两个原则，即实现原则和配比原则。实现原则是用来确认期间收入的会计原则。根据该原则，在一项交易产生收入的时刻就承认收入，而不是在收到交易的现金时承认。这样，产生收益与收到现金之间可能存在明显的时滞，并通过公司应收账款的变化反映出来。配比原则是用来确认期间成本的会计原则。根据该原则，应当将相应的成本与收入进行配比，即当产品被售出时，与其有关的费用才获得承认，而不是在费用实际被支付时确认。因此，公司的固定资产投资作为折旧长期分摊，而不是一次性计入当期成本。

这样就应该明白为什么会计利润与现金收益不是一回事了，因为前者是会计报告的结果，而后者却是公司实实在在收到的。有些收入计入了当期的收益，而公司却还没收到，于是表现为应收账款的增加；有些费用（如折旧费和待摊费）计入了成本，但并没有产生当期的现金流出。

实现原则和配比原则为会计利润操纵提供了可能。例如，对于一项现金开支（如市场开拓费用），会计可以有两种处理方法：一是作为营业性支出在当期扣除；二是作为资本性支出，在今后一段时间内逐年摊提。两种不同的会计方法会影响当期成本，从而影响当期的报告利润。

下面，我们介绍利润操纵的典型方式之一，即"财务点金术"，它是指利用会计准则迅速实现账面利润的手段。

根据财务的基本原理，风险（即未来收益的不确定性）是影响公司价值的一个重要因素。由于公司实际的收益会随着内外部环境的变化而变化，它与市场预期的数字可能存在一定的偏差，高于或低于市场预期值。于是，利用"熨斗"来"熨平"报告利润成为管理者的一项重要工作。也就是说，如果某年公司实际的收益大大低于市场预期值，则必须创造出一定的账面利润来填补这一缺口。反之，如果某一年度实际收益大大高于市场预期，则应适当压低报告的利润，为下一年度的稳定增长留下一定的空间。

财务点金术就是用来迅速创造账面利润的工具。我们举例说明财务点金术的思路。如果给你100万元，要求你在一天内实现40万元的利润。显然，通过正常的经营是很难完成这一目标的，必须借助于会计的核算。

假设现在市场上有两种外观完全一样的金砖出售：一种是真金的，每块售价为9万元；另一种为镀金的，每块售价为1万元。于是，你可以用90万元购入10块真金砖，再用剩下的10万元购入10块镀金砖，并基于上述交易做出如下会计报告：用100万元得到20块金砖，平均成本5万元。显然，这一报告并没有作假，只是忽略了交易的一些重要内容：一是用平均成本作为存货的计价成本（当然要假设会计准则允许这样做），二是忽略了金砖有真金和镀金的差别。

第二天，将10块真金砖在市场上按原价抛出（假设价格没有变化，且交易成本忽略不计），则每块金砖实现了4万元的利润（售价9万元与成本价5万元之差），实现的总利润为40万元。显然，这一结果是一种会计的游戏，因为如果要将剩下的镀金砖出售，公司将因此亏损40万元。但是，如果现在不去进行此项交易，而是把镀金砖放入一个保险箱锁起来，则按照实现原则，所谓的亏损就被递延到今后去了。

利润本质上是一个由会计人员依据会计准则精心计算得出的数值。此处需明确区分，此讨论非指涉及违法违规的账目操纵，即做假账，而是在遵循法律法规与会计准则的前提下，通过合理的财务策略与技巧，实现对企业利润水平的调整与优化。这一过程，在企业内部决策及投资分析时，常体现为"盈余管理"的实践，具体可细分为应计盈余管理与实际盈余管理。

3. 利润管理

所谓利润管理，即以利润最大化为目标的管理。这里所说的利润是税后利润（EAT），在实践中往往也指每股税后利润（earnings per share，EPS），即 EAT 除以总股本。

根据股票定价的相对估价模型，股票的每股价格等于市盈率乘以 EPS。其中市盈率是一个反映市场对公司未来盈利、增长和风险水平的预期的参数。如果市盈率不变，则股价与 EPS 成正比。于是，EPS 越大，公司股票的市场价值就越高。如果对管理层的激励与股价相关（如股票期权），管理层也会因此得到更高的报酬。

但是，如果一味地追求利润最大化，有可能导致管理者采取以下行为：

第一，削减研发投资。按照会计核算，研发投资往往计入当期成本。出于节约当期费用的考虑，减少研发投资是明智的选择，因为为了将来投入得越多，当前剩下的就越少，这是现行会计准则所确定的游戏规则。

第二，过度投资。企业可以通过大量投资低回报率的项目来增加利润总额，只要这些项目的回报率高于债务的利息成本（因为股权资本成本在会计核算时是不用考虑的）。

第三，交易加载。为了实现销售收入的增加，企业可以放松信用条件，增加赊账，尽管这样做可能导致应收账款的增加，从而增加资金的机会成本和坏账损失。

第四，过度负债。为避免摊薄 EPS（即尽量限制分母总股本的增加），管理层会充分利用财务杠杆（债务融资），使得公司负债率持续加大，最后成为一根压死骆驼的稻草。

如果企业经营业绩出现大幅度下降，采取上述手段无法达到控制利润指标的目的，欺诈性的会计操纵（即造假账）就可能成为最后的选择。

对于企业来说，追求利润最大化导致的过度投资所产生的危害尤其突出。过度投资会导致投资回报率递减，即资本效率下降。而中国资本市场发展滞后所导致的融资约束问题，又使得维持高投资所需要的资金难以为继。

上市公司从盈利数千万元到巨亏数十亿元的极端业绩变化，更是凸显了会计利润作为业绩衡量指标的局限性。此类情况往往与会计确认规则的调整或核算错误有关，进一步证明了会计利润在实务操作中的复杂性与易操控性。

2.1.3 成长性破产的启示

在企业的成长历程中，增长往往被视为成功的标志。企业不断追求市场份额的扩大、销售额的提升和产品线的拓展，期望通过成长实现盈利和长期繁荣。然而，成长性破产却常常被忽视。

成长性破产是指企业在业务快速增长的情况下，由于未能有效管理其财务资源，导致资金链断裂而最终破产的现象。这种破产并非源于企业没有盈利能力，而是由于在成长过程中对现金流的管理不善、过度依赖外部融资以及对价值创造能力评估的偏差。例如，企业的销售额、市场份额或资产规模呈现出显著的增长态势，可能年销售额增长率连续多年超过行业平均水平，达到 30% 甚至更高，但同时却面临着日益严重的资金短缺问题，像无法按时支付供应商货款、拖欠员工工资或者难以偿还到期债务等。

> 成长性破产主要特征包括高增长、资金短缺、对外部融资的依赖和现金流紧张。

从全球范围来看，在不同行业和地域都存在成长性破产企业。在科技行业，成长性破产尤为常见。

一个电商企业的兴衰

某电商企业成立于 2010 年，起初是一家专注于时尚服饰销售的在线平台。凭借其独特的品牌定位和精准的营销策略，该企业在成立后的前两年内实现了销售额的快速增长，年增长率超过 100%。看到了市场的潜力，企业管理层决定采取激进的扩张策略。一方面大力投入市场营销，通过线上广告、社交媒体推广等方式吸引更多的客户；另一方面不断拓宽产品线，从时尚服饰扩展到家居用品、美妆等多个品类，同时还在全国多个城市建立了仓储和物流中心，以提高配送效率。

随着业务的扩张，企业的资金需求急剧上升。仓储和物流中心的建设、库存的增加以及营销费用的支出都需要大量的资金支持。例如,在 2013 年,企业的库存金额较 2010 年增长了 5 倍,营销费用占销售额的比例也从 10% 上升到 25%。尽管销售额在不断增长,但企业的现金流却日益紧张。大量的资金被占用在库存和应收账款上,而销售回款却相对滞后。

由于在扩张过程中给予客户较为宽松的信用政策,应收账款的周转天数从 30 天延长到 60 天,进一步加剧了现金流的压力。为了维持运营和继续扩张,企业不得不依赖外部融资。在 2012 — 2014 年期间,企业先后进行了三轮股权融资,融资金额总计超过 1 亿元,此外还通过银行贷款获得了大量资金,但高额的债务利息也加重了企业的财务负担。

2015 年,由于宏观经济环境的变化和电商行业竞争的加剧,企业的盈利情况未能达到预期,导致其在寻求第四轮股权融资时遇到了困难。银行也收紧了信贷政策,拒绝为企业提供新的贷款。最终,企业的资金链断裂,无法支付供应商货款和员工工资,被迫宣布破产。

在资本市场方面,对于成长快速的企业,投资者往往一开始会抱有很高的热情。因为高增长的企业通常预示着巨大的盈利潜力,能够为投资者带来高额的回报。许多风险投资机构热衷于寻找这样的企业,期望在企业成长过程中通过股权增值获利。然而,资本市场也逐渐意识到快速成长企业背后隐藏的风险。一方面,快速增长往往伴随着大量的资金需求,企业可能会不断进行融资,这会稀释现有股东的股权,对其形成潜在威胁。如果后续融资过程不顺利,企业的发展可能会戛然而止。另一方面,高速增长的企业可能会为了追求规模而忽视内部管理和财务健康,例如案例中的电商企业,这就增加了企业的经营风险。一旦企业出现问题,对于投资者来说可能会造成巨大的损失。

一 个 思 考

在某行业中，有 A 公司和 B 公司这两家实力强劲的企业。A公司专注于自身核心技术的研发与升级，对新业务的拓展相对谨慎。公司将经营现金流的一部分用于技术研发和现有产品线的优化，同时适度进行对外投资，主要是与一些小型科研机构合作，挖掘有潜力的新技术。B 公司大规模投入资金进行业务拓展。积极进行产业链上下游的投资与并购，试图打造全产业链生态。表 2-3是它们在 2022 — 2024 年的现金流变化与净利润情况。尝试思考以下问题。

表 2-3   公司相关现金流   单位 元

年份	A 公司			B 公司		
	2022	2023	2024	2022	2023	2024
经营现金流	1 300	1 600	1 700	10 000	17 000	22 000
投资现金流	−1 700	−3 400	−4 400	−3 600	−55 00	−7 800
净利润	1 900	3 600	7 300	8 300	11 200	15 100

1. 从短期来看（2022 — 2024 年），哪家公司的财务状况更健康？

2. 从长期发展的角度考虑，A 公司和 B 公司各自的发展策略有哪些潜在的优势和风险？

3. 如果行业在 2025 年出现市场萎缩或技术变革，哪家公司更有可能抵御风险并存活下来？为什么？

2.2   价值最大化目标分析

2.2.1   价值的内涵

企业的任务是要帮为企业做出贡献的利益相关者创造财富。企业生产了产品和服务，并在产品市场上变现，就实现了销售收入。之后要付成本，这些成本包括什么？包括供应商的货款，员工的工资，客户要的产品，债权人的利息，政府的税收。企业的股东拿了什么？股东拥有最后的剩余索取权，一年的经营成果在以上分配之后如果还有剩余，股东可以获得分红。当用利润衡量一个企业有没有帮股东创造价值的时候，利润核算过程的局限性尤为明显。有的人说利润不就是股东的吗？利润是属于企业的，只有分到股东账户的红利才属于股东个人。所以，不是创造了利润就等于为股东创造了价值。

一 个 反 思

假设你投资了 1 000 万元创办一家企业，当年就获得了 20 万元净利润。问问自己，这一年你财富增值了吗？你可能会想，不是有 20 万元利润了吗？这 20 万元不就是企业帮股东赚的吗？但这样思考对吗？

现代企业的理财观念提出了一个新的目标，不是实现利润最大化，而是实现价值最大化。

正因为利润指标存在的上述缺陷，现代财务理论选择用价值最大化作为公司理财的目标。要理解价值目标的概念，首先应当理解价值的内涵。由于公司是各种资产的集合体，需要从两个方面来了解价值的内涵，即什么是资产的价值，什么是公司的价值。

1. 资产的价值

一项资产的价值是一个多层次的概念，如内在价值、账面价值、市场价值等。

人们最关心的当然是资产的内在价值，即资产的真正价值。根据财务的基本原理，资产内在价值的大小取决于该项资产的用途，即该项资产未来创造价值的能力。于是，根据资产的用途，就有了清算价值与持续经营价值之分。所谓清算价值，是指将一项资产从正在运营的组织中分离出来单独出售所能得到的货币，即资产的变现价值。持续经营价值则是指资产正常使用所对应的价值，其大小应当由该项资产在其未来寿命期内所创造价值的多少来反映。在下面的讨论中，如果不特指，所说的资产内在价值都是指持续经营价值。

显然，一项资产的内在价值永远是一个未知数。有人说，"经济学家知道任何东西的价格，而对其价值一无所知"，因此，只能通过各种方法来估计它。当然，最简单的估计就是资产的账面价值，它是基于公司获得该项资产时付出的历史成本，在扣除了累积折旧后的剩余。内在价值的另一种方便的估计是市场价值，即该项资产现行交易的市场价格，又称为公允价值。市场价值通常是面向未来的，即它反映了投资者对资产内在价值未来的预期。当然，财务理论也发展出了各种估价模型，人们可以运用这些模型，根据公司财务数据和市场有关信息，对资产的内在价值进行估计，得到财务价值。简单地说，账面价值是基于历史交易的，市场价值是基于未来预期的，财务价值是基于数据模型的，它们都是资产内在价值的估计。既然是估计，就不存在唯一正确的答案。因此，不存在公认的价值评价尺度，资产的估价是一个主观和客观相结合的过程。

2. 公司的价值

公司的价值即公司的内在价值。与资产的内在价值相似，一个公司的内在价值是由该公司预期未来所能创造的价值大小决定的。

但是，在实践中，人们习惯于用一个公司资产负债表上列示的总资产账面价值来反映公司的价值，其实这是一种错误的观点。虽然公司所拥有的各类资产是公司价值形成的基础，但公司价值并不等于账面上反映的各种资产价值的加总，其理由是：

资产的账面价值只是反映了获得该项资产的历史成本，它是面向过去的，不等于内在价值。例如，同样的资产放在不同的企业，其创造价值的能力是不一样的。

一个公司不仅是各种有形资产的简单堆积，更重要的是一个有机的整体，存在着资源与资源、人与人、资源与人的协调关系，而资产负债表无法反映这种关系的价值所在。

公司的价值不仅取决于存量资产的价值，而且取决于其未来的增长机会。不同增长机会也影响到公司价值。

公司存在大量的表外资产或表外负债（off-sheet assets or liabilities）。公司拥有的无形资产或智力资本（如健全的组织结构、强大的销售网络、良好的商业信誉等）已经成为公司创造价值的主要来源，但没有在资产负债表上得到适当的反映。公司的许多隐性负债（如为关联企业的担保、涣散的士气、落后的管理等）也往往无法在资产负债表上体现出来。

2.2.2　企业价值的决定因素

企业理财的目标，并非追求销售额或利润，而是追求内在价值的最大化。在价值的表述上，我们通常有两种方法：账面价值和市场价值。但我们现在要探讨的是内在价值，以及账面价值与市场价值之间的联系。

内在价值是评估一家公司价值的关键指标。它反映了公司在未来能够创造的经济价值。试想，当一个投资人考虑购买一家企业时，他自然希望以尽可能低的价格买入，而以尽可能高的价格卖出。这是最基本的逻辑，无论是股票、债券还是整个企业，投资人都希望卖出价格越高越好。然而，有时企业的市场价值可能远高于其内在价值，如某些情况下，企业因被"故事"所感动，而支付了过高的价格购买了一项其实价值并不高的资产。

有一个黑色幽默笑话

一个女孩遇到了一个自称被下了咒语的青蛙王子，它承诺只要女孩对它说一声"我爱你"，它就能变回王子，并给予女孩巨大的财富。但女孩最终拒绝了这些诱惑，因为她认为一只会说话的青蛙是更稀缺的。

这个故事告诉我们，在不同的主观评估下，资产的内在价值可能会有很大的差异。即使是伟大的经济学家，也无法准确知道内在价值。市场价值是基于内在价值的逻辑进行评估的，但评估的结果并不一定准确。我们只能根据当前资本市场公认的游戏规则，找到一个对话的基础。如果没有这个基础，市场将无法进行日常的交易。

> "除非一个企业将要破产，否则其价值取决于该企业未来创造的收益流，而其拥有的资产并没有什么意义，它们只是创造收益流的必要条件之一。没有任何资产、却能创造收益流的企业是最好的企业。"——希金斯

这句话到底是什么意思？内在价值最核心的决定因素是公司创造价值的能力，这表现为预期在未来各期所产生现金流的现值之和。就是将公司未来每一期产生的现金流按照一定的贴现率折算到当前的价值，然后将这些现值加总，就得到了公司的内在价值。

$$V = \frac{\sum \mathrm{CF}_t}{(1+k)^t}$$

其中，V 代表公司的内在价值；CF_t 表示未来预期的现金流；k 是与现金流风险特征相对应的贴现率；t 表示时间。

（1）预期现金流的大小直接影响内在价值。如果一家公司在未来能够产生大量的现金流，那么它的内在价值就会较高。例如，一家科技公司预计在未来 5 年每年能获得 1 000 万元的净现金流，相比另一家每年只能获得 500 万元净现金流的公司，前者的内在价值在其他条件相同的情况下会更高。

（2）现金流的时间分布也很重要。越早收到的现金流，其现值越高。例如，公司 A 在第 1 年能收到 1 000 万元现金流，公司 B 在第 5 年才能收到 1 000 万元现金流，假设贴现率为 10%，公司 A 的现金流现值高于公司 B 的现金流现值。

（3）资产经济寿命期长的公司往往具有更高的内在价值。例如，一家水电厂，其大坝和发电设备的使用寿命可能长达 50 ～ 100 年，在这期间都能产生稳定的现金流，相比一家只有 5 ～ 10 年生命周期的软件公司（如果没有持续创新和新产品推出），水电厂的内在价值可能更高，因为它能在更长的时间内创造现金流。

（4）贴现率反映了现金流的风险程度。风险越高，贴现率越高，未来现金流的现值就越低。例如，一家初创的生物科技公司，其研发成果存在很大的不确定性，面临较高的风险，假设其贴现率为 20%。而一家成熟的公用事业公司，风险较低，贴现率为 10%。如果两家公司都预计在未来 1 年产生 1 000 万元的现金流，生物科技公司现金流的现值约为 833 万元，公用事业公司现金流的现值约为 909 万元。

2.2.3　利益相关者与企业价值最大化层次

20 世纪 30 年代，美国学者多德（Merrick Dodd）在对公司治理结构的研究中提出了公司对利益相关者负有责任的思想。弗里曼（Edward Freeman）在 1984 年出版的《战略管理：利益相关者方法》一书中，明确地阐述了利益相关者理论的主要内容。

利益相关者是指能够影响企业目标的实现或者被企业目标实现所影响的个人或群体。这一概念突破了传统的企业只对股东负责的观念，将企业的责任范围扩展到更广泛的群体。利益相关者包括但不限于股东、债权人、员工、供应商、客户、政府和社区等。

企业的生存和发展依赖于各个利益相关者的投入和支持。例如，股东提供资本，员工提供劳动力和技能，供应商提供原材料和服务，客户购买产品和服务，政府提供政策和基础设施支持，社区提供经营环境等。同时，各个利益相关者也从企业的经营中获取相应的利益。股东获得股息和资本增值，员工获得工资和职业发展机会，供应商获得销售收入，客户获得产品和服务的价值，政府获得税收，社区获得就业和经济发展等。

根据利益相关者理论，企业不仅仅要追求股东财富的最大化，还要考虑其他利益相关者的利益。企业在决策过程中需要平衡不同利益相关者的需求和期望。例如，在制定企业战略时，不仅要考虑投资回报率等财务指标，还要考虑对员工的影响、对环境的影响、对供应商的影响等。

公司理财目标的设计与实现离不开对企业经营的内外部环境（图 2-2），特别是不同利益相关者之间关系的假设。概括起来讲，与价值目标相关的可能假设有以下 4 条。

假设 1：公司管理者的目标与股东目标完全一致。这一假设要求管理者把自己的利益放在一边，而集中关注于股东财富的最大化。基于以下两点理由，这一假设有可能成立：一是来自活跃股东的压力，二是管理者自己的利益与股东的利益密切相关。

假设 2：公司的债权人受到完全的保护。该假设成立的前提有两个：一是公司和公司的股东通常很看重自己的声誉，如果他们损害了债权人的利益，会在今后的融资过程中遇到麻烦；二是债权人能够在签订债务合同时通过一些限制性条款来保护自己。

假设 3：公司经营者不可能误导或欺骗金融市场，而且资本市场能够提供足够的信息供给。在此假设下，市场和投资者能够对公司绩效做出理性的判断，即公司股票的市场价值能够反映其内在价值。显然，这一假设要求资本市场是有效的。

假设 4：公司经营不产生外溢的社会成本。这一假设要求公司在实现自己的价值目标时，承担了因此产生的所有成本，而没有把它们转嫁给社会。

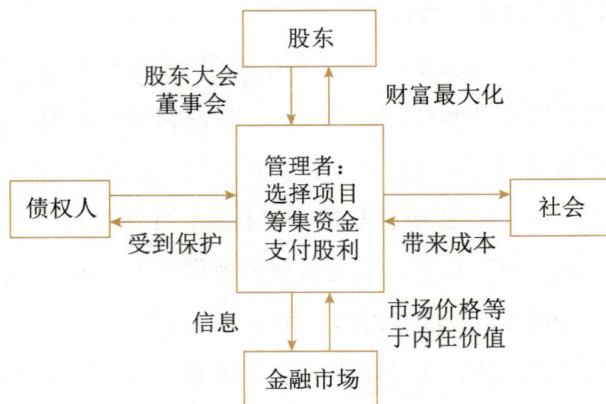

图 2-2　企业经营的内外部环境

价值最大化目标是一个抽象的概念，它在实践中又分解为三个不同的层次，即公司价值最大化、股东财富最大化和股票市场价格最大化，而这种划分建立在上述的基本假设基础上。

第一，公司价值最大化。该目标是针对公司全体利益相关者提出的，因而是最一般的公司理财目标。由于该目标把公司看成一个整体，它能够实现的前提是假设 1 和假设 4 成立，不需要市场有效或债权人受保护这些假设。

第二，股东财富最大化。该目标在理论上似乎最有说服力，因为股东是公司的所有者，他们的利益应当放在首要的位置，该目标是被人们普遍接受的一个目标，其理论依据是股东作为所有者，是公司剩余风险（residual risk）的唯一承担者，因而也自然是剩余报酬（residual return）的唯一获得者。所以，管理者应当按股东的利益来管理公司的各项活动。但是，要实现股东财富最大化这一目标，要求假设 1、假设 2 和假设 4 均成立，对市场效率的要求则可以放宽。

第三，股票市场价格最大化。确定该目标的逻辑是，股东手中拥有公司股票的价值是股东财富的集中体现，如果股票市场价格能够反映其内在价值，则股东财富最大化就应当等于股票市场价格最大化。由于股票价格具有以下特点，它可能是股东财富最理想的代表：其一，股票价格在所有考核企业绩效的指标中最具有可观察性。股票市场价格在不断的更新之中，而这种更新在很大程度上取决于外部投资者对来自公司的最新信息的反应。因此，管理者能够及时地从市场的投资者那里获取对公司财务决策的态度。其二，在理性的市场上，股票的价格会趋向于反映其内在价值，即趋向于反映公司决策的长期影响。其三，利用股票价格指标，能够对财务决策的合理性做出明确的说明。不过，股票市场价格最大化目标能够实现的前提是上述 4 条假设全部成立。

例如，美国的美林证券公司 1998 年春决定开拓网上股票交易业务，尽管当时美国正处于互联网的热潮之中，但股票市场对美林公司该项投资决策却做出了负面的反应，消息公布当天股价下跌近 10%。分析师对此的评论是：其一，股票网上交易收费仅为美林公司传统股票经纪交易的 1/3，而美林目前有股票经纪人 14 000 名，开展网上交易必然会对现有的经纪业务产生很大的冲击。因此，美林公司必须在网上交易业务方面具有很强的竞争力，才能抵消对传统业务的负面影响。其二，网上交易业务竞争的关键在于价格的竞争，而美林的网上交易收费标准是其他中小网上交易公司的 2 倍多。因此可以预期，美林的网上交易业务不可能具有很强的竞争力。综合以上两点理由，市场对美林公司此项投资决策投了反对票，显然，这一反应是理性的。

当然，真实的世界并不像假设的那样完美。例如，管理者并不总是按照股东的利益行事；股东有时会做出损害债权人利益的事情；资本市场的效率值得怀疑；客观存在的社会成本不可能在公司会计报表上得到充分的反映等。因此，目标的设定与目标的实现并不是一回事。

2.3   目标实现与公司治理

2.3.1   现代企业公司治理问题

在企业的发展历程中，股权结构会发生显著的变化，这些变化往往伴随着两权分离问题。

在企业创立初期，通常由创业者完全拥有公司并进行管理。此时的股权结构高度集中，创业者对企业拥有绝对的控制权。这种结构的优势在于决策迅速、执行力强，创业者能够将自己的理念和战略快速地付诸实践。随着企业的成长，为了满足资金需求以支持业务扩张，企业开始大量融资，这导致了股权的多元化。新的投资者进入，他们带来了资金，但也稀释了创业者的股权。这一阶段，企业的股权结构从高度集中逐渐转向分散。多个投资者的出现，使企业的决策过程变得更加复杂，需要考虑更多利益相关者的意见。

当企业进一步发展，股权分散化的程度加深，类似于民主制的股权结构逐渐形成。此时，企业通常会建立等级制分层授权组织，控制权逐渐从创业者手中分散开来，职业经理人开始分享剩余控股权。这种情况导致了所有权与经营权的分离。两权分离带来了一系列问题。

（1）代理问题。职业经理人可能会出于自身利益而非股东利益做出决策。例如，为了追求短期业绩以获取高额奖金，经理人可能会采取不利于企业长期发展的策略。

（2）信息不对称。经理人比股东更了解企业的日常运营情况，他们可能会利用这种信息优势来掩盖自己的不当行为，或者做出对自己有利但损害股东利益的决策。

两权分离问题进一步衍生出一系列公司治理问题。这些问题主要分为代理型公司治理问题和剥夺型公司治理问题。

代理型公司治理问题主要是指在企业经营过程中，股东与经理人，以及债权人与经理人之间由于信息不对称、控制权不同，会引发职业经理人履行代理行为时的"不尽职和败德问题"。经理人作为企业的运营者，掌握着企业的实际控制权，但他们可能并不会完全从股东和债权人的利益出发。由于股东和债权人无法完全了解企业运营的每一个细节，经理人可能会利用这种信息优势，做出一些对自己有利但损害出资者利益的决策。例如，经理人可能会过度追求企业规模的扩张，以提升自己的管理声誉，却忽视了这种扩张可能带来的财务风险，损害了股东的利益；或者在资金使用上，优先考虑自身的利益项目，而不是确保债权人的资金安全和回报。

剥夺型公司治理问题主要存在于股东与股东之间，以及股东与债权人之间。在股东与股东之间，由于股权和票权不对等，容易引发"利益侵占、剥夺问题"。例如，大股东可能利用其控制权，通过关联交易等手段将企业利益转移到自己名下，损害小股东的利益。而在股东与债权人之间，由于信息不对称，以及现金流和票权不一致，也会产生利益侵占和剥夺问题。比如，股东可能会要求企业过度举债用于高风险投资，一旦投资失败，债权人将承担大部分损失。

2.3.2 价值最大化目标实现的障碍

在企业实现价值最大化或利润最大化目标的过程中，不同的决策者或管理者可能会出于不同的目标，做出有损于利益相关者的决策。例如，有些企业可能会通过操作来提升或降低利润，这些操作可能出于避税、市值管理或其他原因。然而，这些操作可能导致企业的业绩大幅下降，进而对股价产生负面影响。

企业的所有利益相关者之间，特别是管理者和股东之间，可能存在着目标分歧。这种分歧可能导致企业在实现最大化目标的过程中面临困难。例如，万科的王石与宝能之间的冲突，就反映了股东与经理人之间的目标分歧。同样，股东与债权人之间也可能存在分歧，这种分歧可能会影响企业的决策和目标的实现。例如，当企业面临高风险投资时，债权人可能会担心其债权的安全，而股东则可能追求通过承担风险来创造剩余价值。

1. 股东和管理者的目标分歧

管理者有时会为了自身利益而做出损害股东或其他利益相关者的决策，进而影响企业价值最大化这一目标的实现。

管理者可能通过操纵企业财务数据来牟取私利，这种行为涉及"会计操纵"问题。例如，为了使自己的业绩看起来更加出色，从而获取更高的奖金和薪酬，管理者可能会对财务报表进行粉饰。这种"会计操纵"行为会误导股东和其他投资者对企业真实财务状况的判断。股东可能基于错误的财务信息做出错误的投资决策，如继续投入资金或持有股票，而实际上企业可能存在潜在的经营风险，长此以往会损害企业的市场价值。

管理者在企业资源配置上可能存在自利倾向，产生"资源错配"现象。他们可能会将企业资源用于个人偏好的项目，而非对企业价值提升最有利的项目，这类似于一种"敲竹杠"行为。比如，为了扩大自己的管理权力和控制范围，管理者可能会推动企业进行大规模的并购，但这些并购可能与企业的核心业务关联不大，甚至会分散企业资源，增加企业运营成本，导致企业整体价值下降。

管理者在决策过程中可能会出现"短视行为"，忽视其他利益相关者的利益，如债权人、员工和客户等。例如，过度追求短期利润可能会导致企业忽视产品质量和客户服务，损害客户利益，进而影响企业的声誉和长期价值。这种管理者的自利行为不仅违背了企业价值最大化的目标，还可能使企业陷入经营困境。

2. 股东和债权人的目标分歧

一 个 测 试

假设你口袋里只有两块钱，同时还负债 10 万元。现在有两个选择，买彩票或者还了两块钱之后申请破产。你会如何选择？

从债权人的角度来看，实际上是在用债权人的钱在赌。从企业的角度来讲，如果企业的股东和管理者合谋一起去做高风险投资，对债权人来讲意味着按期获得利息和本金的风险增加，债权的市场价值下降。债权人追求的是债权的安全，股东追求的是通过承担风险创造剩余价值，所以股东和债权人之间存在的目标分歧，最终就会影响企业的决策和生存问题。

2.3.3　公司理财的共同富裕目标

国家提倡共同富裕，从企业财务管理层面来考虑，应该同时重视财务绩效和社会绩效。

1. 财务绩效与社会绩效

企业财务绩效主要反映企业在经济方面的表现，通常通过一系列财务指标来衡量，如净利润、资产回报率（ROA）、股东权益回报率（ROE）、现金流等。这些指标关注的是企业的盈利能力、偿债能力和运营效率，是企业在市场经济中生存和发展的关键指标。其核心目标是实现股东财富最大化，企业的决策和运营往往围绕着如何提高利润和股东回报展开。

社会绩效侧重于企业对社会产生的影响，包括对员工、消费者、社区和环境等的影响。衡量社会绩效的指标较为多元化，如员工满意度、员工培训投入、产品质量投诉率、社区公益投入、碳排放量等。社会绩效追求的是企业在社会中的责任履行和正面影响，旨在满足各利益相关者的需求，促进社会和谐发展。

良好的财务绩效可以为企业提升社会绩效提供物质基础。例如，企业盈利能力强时，可以投入更多资金用于员工福利改善、环保设施升级和社区建设等。好的社会绩效有助于提升员工的忠诚度和工作效率，获得更多利益相关者的支持，进而提高企业的财务绩效。

2. 公司价值最大化与 ESG 治理

ESG 理念产生于 20 世纪 60 年代西方国家对环境问题的深刻反思。随着工业化进程带来的诸如污染、资源枯竭等负面影响日益凸显，人们开始关注企业活动对生态环境的冲击，这便是"E"（环境）要素的雏形。在环境方面，涉及碳排放、能源利用效率、废弃物处理等。到了八九十年代，企业社会责任运动蓬勃兴起，强调企业对员工权益、社区发展、消费者保护等社会议题的担当，"S"（社会）维度逐步成型，促使企业在追求经济利益之外，重视人文关怀与社会回馈。社会层面涵盖员工福利、职场多样性、人权保障以及产品质量安全等。迈入 21 世纪，一系列公司治理丑闻频发，让投资者和监管者意识到健全的公司治理结构对企业稳定、诚信运营的关键意义，"G"（治理）因素被正式纳入，聚焦董事会构成、风险管理、信息披露透明度等。ESG 评价体系为投资者、消费者、监管机构等利益相关者提供了全面洞察企业可持续运营水平的视角，引导企业实现兼顾经济效益、社会效益与环境效益的高质量发展。

3. ESG 对公司价值最大化的促进

（1）环境（E）因素。企业注重环境保护，如采用清洁能源、减少污染排放、开展绿色生产等，不仅有助于应对日益严格的环保法规，避免潜在的巨额罚款，还能降低运营成本。例如，节能措施可以减少能源开支，同时树立企业的绿色形象，吸引注重环保的消费者和投资者，提升公司的市场价值。

（2）社会（S）因素。在社会方面，企业积极履行社会责任，如保障员工权益、生产安全产品、参与公益活动等，可以提升企业的声誉和品牌价值。良好的企业社会形象能够增强消费者的忠诚度，吸引优秀人才，并且有助于获得政府和社区的支持，为企业的长期发展创造有利条件，进而促进公司价值最大化。

（3）治理（G）因素。健全的公司治理结构是实现公司价值最大化的保障。良好的治理机制包括透明的决策过程、有效的内部监督、合理的董事会结构等。这可以减少代理成本，防止管理层的自利行为，提高企业运营效率，使企业能够在复杂的市场环境中做出正确的决策，实现价值的增长。

本章思考题

1. 请简述企业在初创期、成长期、成熟期和衰退期的典型发展目标。

2. 简述企业理财目标从利润最大化向股东财富最大化演化的内在逻辑和驱动因素。

3. 利润最大化作为企业理财目标的合理性表现在哪些方面？

4. 请指出利润最大化目标存在的主要缺陷。

5. 详细解释企业价值最大化目标的内涵，它涵盖哪些关键要素？

6. 相较于股东财富最大化，企业价值最大化在内涵上有哪些拓展？

7. 信息不对称会对企业理财目标实现造成哪些阻碍？对应的公司治理措施有哪些？

8. 在企业所有权与经营权分离情况下，管理者与股东目标不一致会给企业理财目标实现带来什么问题？如何通过公司治理解决？

第 3 章
理论基础与基本原则

引导案例

2004 年，中航油新加坡公司因石油衍生品交易巨亏事件震惊全球金融市场。这家曾被誉为中国海外企业"明星"的公司，由陈久霖掌舵，在新加坡证券交易所风光上市，业务涵盖石油贸易、实业投资等领域，发展势头迅猛。起初，中航油新加坡公司参与石油期货套期保值业务，旨在对冲现货市场价格波动风险，保障公司油品贸易稳定盈利，操作尚在可控范围。然而，随着国际油价持续攀升，公司管理层被市场的单边上涨行情迷惑，风险意识逐渐淡薄。2003 年起，陈久霖擅自改变策略，从套期保值转向投机交易，大量卖出石油看跌期权，试图博取高额差价收益。但市场风云变幻，2004 年下半年，国际油价突然大幅反转下跌。中航油新加坡公司持有的看跌期权瞬间沦为巨大风险敞口，面临巨额赔付压力。为挽回损失，公司管理层一错再错，不断追加保证金，妄图逆势翻盘，却使得亏损如雪球般越滚越大。当风险彻底失控，公司资金链濒临断裂，账面亏损高达 5.5 亿美元。①

---

① 资料来源于：王文琪，黄源 . 中资企业海外经营的管理问题探究——以"中航油"事件为例 [J]. 时代金融，2017（2）：185-186.

本章学习目标

- 理解金融经济学的经典基本假设内容。
- 掌握金融经济学主要理论模型及其应用场景。
- 学会运用行为金融学进行理财决策。
- 明确公司理财中自利原则与机会成本的关联及运用。
- 能够运用时间价值原理进行企业估值。
- 熟知现金流、风险、资本效率的内涵和度量。

3.1 金融经济学理论基础

公司理财关于在企业资金流转过程中的所有相关决策都与金融市场环境密切相关。所以，金融学的发展为公司理财决策实践提供了重要的理论基础。

3.1.1 金融经济学经典基本假设

1. 完全理性假设：传统金融理论的基石与拓展

"理性"一词源自哲学，是指人类探索自然与社会规律的认知能力。经济学聚焦于行为人实现稀缺资源最优配置这一问题，鉴于经济决策流程错综复杂，涉及高度精巧的思维活动，为从微观个体视角剖析资源配置的内在逻辑，经济学引入哲学的"理性"概念，对人类行为进行了理想化的抽象假定。

在金融经济学领域，经济理性指行为人对自身所处环境的各类状态，以及这些状态如何作用于自身效用，拥有完备且精准的信息储备。并且，在既定的客观条件约束下，每个行为人都能够抉择出最优策略，实现自身效用或利润最大化。

完全理性行为人具有三大特性：其一，无限认知能力，仿若被赋予了超人般的潜能，拥有无限的感知力、无限计算力以及无限的自我学习能力，使其能够精准捕捉、剖析所有有价值的信息。其二，无限控制力，个体可以完全控制自身的欲望与情绪波动，保障决策进程不受丝毫干扰。其三，无限地存在私利，行为人被经济利益牢牢吸引，追逐个人利益最大化。

完全理性假设是 20 世纪 50 年代马科维茨创立的投资组合理论和夏普的资本资产定价模型两大基本假设之一。基于该假设推断，尽管投资者风险偏好各不相同，但在追求主观效用最大化的过程中，凭借理性的力量，他们能够精确地计算出投资组合的有效边界，进而选定使自身效用最大化的投资策略。同时，他们能对市场信息进行零误差的认知解读，并精准获得证券基本价值的正确估值。一旦市场价格偏离基本价值，做空与套利机制便会迅速响应，似有一双无形的手，将价格偏差及时拉回正轨。完全理性假设意味着理性投资者仿若市场中的"赏金猎人"，凭借敏锐的洞察力，能够精准捕捉资本市场上由非理性投资者偶然缔造的套利机会。

2. 有限理性假设和社会人假设

随着研究的深入与现实观察的积累，学者们意识到完全理性假设存在一定局限性，进而提出有限理性假设。赫伯特·西蒙在 20 世纪 50 年代指出，由于人类认知能力存在边界、信息收集与处理成本高昂，以及决策时间受限等因素，经济主体难以达到完全理性状态。

在金融市场中，投资者往往只能依据有限信息、运用简化的决策规则行事。例如，他们可能因过度自信而高估自身投资能力，频繁交易却忽视潜在风险；或受锚定效应影响，过度依赖初始信息判断后续走势。在企业并购决策场景下，管理者可能因对自身整合能力过度乐观，未充分考量文化冲突、协同难度等隐性成本，仓促推进并购，最终导致企业价值受损。

20 世纪 30 年代，梅奥通过霍桑实验发现，人并非单纯追求经济利益最大化的"经济人"，而是身处社会关系网络中的"社会人"。在金融活动里，这意味着投资者、从业者的决策不仅受经济因素驱动，还深受社会互动、群体行为、声誉影响。比如在新兴的加密货币投资热潮中，部分投资者并非基于对其内在价值的严谨分析，而是受周围朋友、网络社群的跟风推荐，盲目涌入市场，形成群体投机行为。社会人假设为理解金融市场中的非理性行为、羊群效应等现象提供了新视角。

3. 有效市场假设

1970 年，法玛（Eugene F. Fama）开创性地提出有效市场假设。主要是指在有效金融市场中，证券价格能够及时且充分地反映可获取信息的变化。证券交易本质是以信息为基础的，新信息的闪现触发证券价格的波动。

> ## 一 个 比 喻
>
> 　　将资本市场类比为一个池塘，若证券价格如实反映既有信息，恰似平静无波的一池静水。新信息仿若投入池塘的石子，激起的波纹以落点为中心向四周飞速扩散。倘若波纹瞬间传遍池塘各个角落，而后水面迅速复归平静，意味着无论处于池塘何处，皆能同步感知石子到来，这就是有效市场；反之，若波纹扩散迟缓，离落点越近信息优势越显著，市场则缺乏效率。

有关证券的特定信息集大致可归为三类：交易价格历史信息、公开基本面信息、非公开内幕信息。以此为依托，有效市场假说可细化为三种形态：一是弱有效市场假说，此时特定信息集特指交易价格历史信息。二是半强有效市场假说，其特定信息集包括交易价格历史信息与所有公开基本面信息。三是强有效市场假说，特定信息集涵盖全部公开信息及非公开内幕信息，这意味着所有市场分析手段都无效。

有效市场假设基于三层由强至弱、逐步放宽的逻辑推理。其一，投资者秉持理性思维，能对证券做出精准合理的价值评估。其二，即便部分投资者非理性，但其交易呈随机状态，非理性影响相互抵消，证券定价所受冲击很小。其三，即便非理性投资者屡犯相同错误，且他们的交易行为呈现正相关性，对证券价格有一定影响，理性套利者套利行为也能迅速消除非理性因素对价格的影响。

3.1.2　金融经济学主要理论模型

金融经济学研究的主题是理性假设下的金融资产定价。围绕这一主题，金融经济学的主要理论模型包括：投资组合理论、资本资产定价模型、套利定价理论和期权定价模型。

1. 投资组合理论

由马科维茨在 1952 年提出的投资组合理论是现代金融学的方法论基础，它用均值－方差方法研究了个体投资者的最优投资决策问题。在资本市场上，投资者有各种风险金融资产可供选择，不同的资产对应不同的期望收益率和风险特征。其中期望收益率用投资收益率的均值表示，而风险则用投资收益率的方差表示。投资者可以根据不同金融资产组合所对应的收益和风险参数，通过有效边界的构造，选择适当的投资组合，以实现预期的最优投资目标，即收益与风险的均衡：在给定期望收益率下风险最小，或给定风险下期望收益率最高。

图 3-1 主要阐述了投资者的最优风险资产组合选择。图中的蓝色曲线是有效集（有效前沿）。有效集是指在给定风险水平下能提供最高预期收益，或者在给定预期收益水平下风险最低的投资组合的集合。它代表了投资组合在风险与收益权衡中的最优边界。蓝色虚线部分并不属于有效集，它所代表的投资组合在相同风险水平下，无法提供像有效集上的组合那样高的预期收益，或者在相同预期收益水平下，其风险高于有效集上的组合。黑色曲线是投资者的效用曲线。效用曲线反映了投资者对于不同风险和收益组合的偏好程度，每一条效用曲线上的点对于投资者来说具有相同的效用水平。

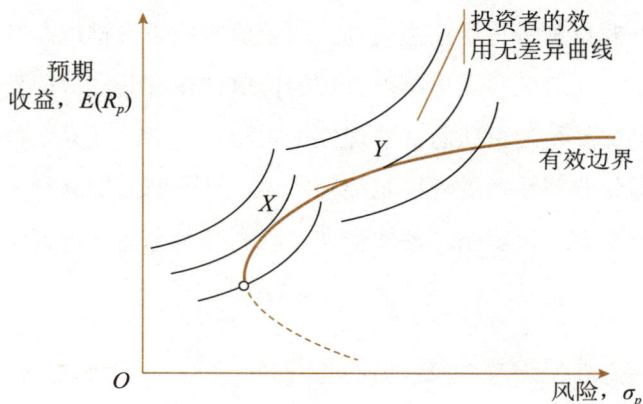

图 3-1 投资者最优选择

在现代投资理论中，最优投资组合是由效用曲线与有效集的切点决定的。图中黑色效用曲线与蓝色有效集相切的点，就是投资者的最优投资组合。这个切点意味着在投资者的风险偏好下，该投资组合能够实现最大的效用，即在可接受的风险水平下获得最高的预期收益。

2. 资本资产定价模型

夏普（Sharpe）、林纳（Linter）等人提出的资本资产定价模型（capital asset pricing model，CAPM）是现代金融学的理论基础。该模型以投资组合理论为基础，在一般均衡的框架下，研究了在个体投资者选择最优投资决策的条件下整个资本市场的价格均衡问题，得到了一个可供统计检验的资本市场定价机制的计量模型。

如前所述，金融资产的价值等于其未来预期实现的各期现金收益流的现值之和，而所用的贴现率是投资者预期收益率，显然，在一项金融资产未来预期实现的各期现金收益流给定的条件下，预期收益率就成为该资产定价的关键参数。根据经济学的基本原理，预期收益率与投资风险成正比，即有

$$预期收益率＝无风险收益率＋风险溢酬$$

在上式中，无风险收益率可以用国债的投资收益率来表示，但风险溢酬（即投资者承担风险希望得到的补偿）的计算方法却一直无法得到解决。

CAPM 的主要贡献就是给出了一个有关风险溢酬计算的简单可行的方法。投资组合理论指出，投资者可以通过分散化投资减少投资风险，只有承担那些不可分散的风险（即所谓的系统风险）才需要得到相应的补偿。CAPM 模型表明系统风险的大小可以用一个贝塔系数来表示，而风险溢酬则可以表示为贝塔系数与另一个市场参数（即市场平均风险溢酬）的乘积。

3. 套利定价理论

罗斯（Ross）于 1976 年提出的套利定价理论（arbitrage pricing theory，APT）研究的是与资本资产定价模型相似的问题，即投资金融资产的预期收益率与风险之间的均衡关系。但是，APT 所采用的研究方法是无套利均衡分析，它与 CAPM 所采用的收益-风险分析完全不同。

根据"一价定律"，在同一市场上，相同的资产应有相同的定价，否则市场处于不均衡状态，即价格偏离由供需关系所决定的价值。所谓套利（arbitrage），就是利用市场价格的暂时性失衡来实现无风险利润的行为，如做多（低买高卖）价值低估的资产，或做空（高卖低买）价值高估的资产。显然，上述套利行为的出现又成为推动资产价格变化、实现市场均衡的力量。当市场处于均衡时，套利机会消失。

套利定价理论认为，套利行为是决定金融市场效率的一个决定性要素，即金融市场的均衡是由套利力量决定的，金融市场效率越高，重建均衡的速度越快。罗斯基本放弃了 CAPM 的假设，而依据在完全竞争的市场中不存在套利机会的基本假定，直接将预期收益率定义成一个以多因子作解释变量的线性模型，从而允许一种资产的预期收益率受到多个系统性风险因素的影响。

4. 期权定价模型

资本市场的金融工具不断创新，有越来越多的衍生金融工具供投资者选择。作为最重要的衍生金融工具之一的金融期权，其定价问题的研究意义不言而喻，而这一任务的完成归功于布莱克（Black）、斯科尔斯（Scholes）和默顿（Merton）等人 1973 年提出的期权定价模型（简称为 B-S 模型）。所谓期权（option），是一种或有要求权，它是交易买卖双方达成的特定合同，该合同赋予买方在规定时间内，以规定的价格（即行权价）买入或卖出某种资产（即标的资产）的权利。合同的买方通过向卖方支付权利金而获得权利，后者因为收取了权利金而必须履行合同义务。赋予合同买方买入标的资产权利的期权称为看涨期权（call），而赋予合同买方卖出标的资产权利的期权称为看跌期权（put）。

在一系列假设前提下，B-S 模型给出看涨期权和看跌期权的定价公式，它们可以简单地表示为 5 个参数的函数，即定价日标的资产的价格、无风险利率、期权合同的行权价格、定价日距期权到期的时间和标的资产价格的波动率。在这 5 个参数中，前两个参数由市场提供，第三、第四个参数是期权合同约定的已知参数，只有波动率需要用特定的方法，根据标的资产价格的历史交易资料进行估算。

标的资产的内涵是广义的，既可以是金融工具（如股票期货），也可以是商品，还可以是投资项目，甚至可以是一种权利或机会。

◗3.2　公司理财的原则与应用

为了实现价值最大化的目标，必须深入理解理财的核心理念与基本原则。只有在充分掌握这些基础规范后，企业才能据此制定出精准有效的决策策略。

一　个　测　试

如果想卖房子，是否期望以最高价成交？同理，对于购房，是否追求最低购入价并寄望于房产增值？愿意承担贬值的风险吗？

当面对购房决策时，几乎所有人的回答都高度一致：渴望房产增值，却不愿承担贬值风险。这一普遍性共识恰恰凸显了学习本节的必要性。

资本市场的运作遵循着风险与收益并存的铁律——欲求收益，必担风险；唯有勇于承担风险，方有可能收获丰厚回报。然而，在实践中，人们往往不自觉地试图规避或忽视这一原则。

下面的内容将聚焦于理财的基本原则与核心概念之间的关系解释。

3.2.1　自利原则与机会成本

自利原则的思想雏形可追溯至亚当·斯密。他在《国富论》中提出"经济人"假设，强调人在经济活动中天然具有趋利避害、追求个人私利的本能，这种本能驱使人们进行分工、交换等活动，进而推动社会经济发展。亚当·斯密的这一理论为经济学的后续发展构建了基石，自利原则也成为理解经济行为的核心逻辑。

自利原则是指经济主体在从事经济活动时，以追求自身利益最大化为根本动机。这里的"自身利益"涵盖经济利益，如消费者追求效用最大化，希望以最少支出获取最大满足；企业追逐利润最大化，力求降低成本、提高收入。同时，也包含非物质层面，像个人获得社会地位、企业赢得品牌声誉等。

从企业理财的视角来看，企业的运营决策都基于自身利益最大化的目标，所有的利益相关者，股东、债权人及上下游合作伙伴在提供资金或资源时，都期待获得一定的回报。因此，企业在制定政策时，必须充分认识到这一原则，确保决策能够兼顾各方利益，实现共赢。

那什么是机会成本呢？公司理财为什么要强调机会成本？

在决策者都是自利的假设下，机会成本揭示了资源稀缺性下决策的复杂性。在投资决策中，机会成本一般性的表述是指决策者为了某一投资而放弃的其他投资机会中可能获得的最高收益。但是这个表述忽略了一个重要的前提就是风险。机会成本的计算需基于风险相当的投资机会进行比较，以确保不同投资机会的收益比较的公平性和合理性。机会成本不仅是自利原则的具体应用，也是指导企业做出理性决策的重要依据。

在实际理财决策中，人们往往容易忽视自利原则和机会成本的重要性。例如，市场参与者有时错误地将股票上市融资视为无须回报的"免费午餐"，个人投资者也常被片面地标签化为市场中的"韭菜"，而非投资者。这种心态不仅影响了个人投资者的决策质量，也对企业行为产生了不良影响。企业可能因此将投资人的资金视为无成本资源，从而做出不利于企业长期发展的决策。如果上市公司在完成资金募集后，将资金存入银行进行理财，而非有效投入生产运营中，那这种行为显然违背了企业融资的初衷。

在企业管理层面，自利原则真正意义在于指导我们如何在决策中规避短视行为，确保对融资成本有清晰、准确的评估。这包括如何准确衡量资本成本、评估投资风险，以及合理选择贴现率等关键要素，所有这些都建立在对自利原则的深刻理解之上。

3.2.2 时间价值与估值

1. 货币时间价值来源

货币时间价值是由人性不耐、投资机会、厌恶风险以及通货膨胀等多种因素共同作用产生的，这些因素影响着人们对货币在不同时间点价值的判断和决策，在企业财务管理、投资决策、个人理财等方面都具有重要的意义。

（1）人性不耐。人们通常具有"人性不耐"的特点，即更倾向于当前消费而不是未来消费。如果要放弃当前的消费，就必须用未来更多的消费来补偿，这就体现了货币的时间价值。例如，一个人现在有 100 元可以用来购买商品满足当下的需求和欲望，如果他选择将这 100 元储蓄起来，那么未来要让他觉得当初的储蓄是值得的，就需要给他比 100 元更多的钱来购买商品，以弥补他放弃当前消费所带来的"损失"，这个增加的部分就是货币时间价值的一种体现。

（2）投资机会。货币在流动中具有增值的可能性，这是货币时间价值的重要来源之一。当货币被投入各种投资项目中时，通过资金的运作和资源的配置，能够产生收益，从而使货币随着时间推移而增值。比如，企业将资金投入生产经营，购买原材料，雇佣劳动力，经过生产过程制造出产品并销售，获得的收入扣除成本后就是投资带来的增值；个人将资金投资于股票、债券等金融资产，也可能获得股息、利息以及资本利得等收益，这些都使得货币在未来的价值高于当前的价值。

（3）鸟论（厌恶风险）。人们普遍认为当前确定的货币量比未来不确定的货币量更有价值。因为未来具有不确定性，可能面临各种风险，如市场风险、信用风险、经营风险等，这些风险可能导致未来无法获得预期的货币量。所以，为了补偿人们承担这种风险以及放弃当前确定的货币而选择未来不确定的货币，未来的货币量需要比当前更多，这也构成了货币时间价值的一部分。"二鸟在林，不如一鸟在手"反映了人们厌恶风险的心理。

（4）通货膨胀。通货膨胀是指物价普遍持续上涨的经济现象。在通货膨胀的环境下，相同数量的货币在未来能够购买的商品和服务数量会减少，即货币的购买力下降。为了保持货币的购买力不变或者获得一定的增值，货币必须随着时间推移而增加其数量，这就体现了货币的时间价值。

2. 现值与终值

现值 PV 是指未来的一笔或多笔现金流量在当前的价值。它考虑了货币的时间价值，即今天的钱比未来的钱更有价值。计算公式：

$$PV = \sum_{t=1}^{N} \frac{CF_t}{(1+k)^t}$$

其中，PV 是现值；CF 是未来的现金流量；k 是折现率；N 是现金流发生的年数。

终值 FV 是指现在某一时点上的一定量现金折合到未来的价值。计算公式：

$$FV = \sum_{t=1}^{N} CF_t (1+k)^t$$

其中，FV 是终值；CF 是未来的现金流；k 是折现率；N 是现金流发生的年数。

例 3-1

某公司正计划出售一块地产，有两位潜在买家。买家 A 愿意出价 100 万元现金立即购买；买家 B 则出价 115 万元，但付款时间为一年后。已知该公司当前投资的机会成本为 10%，这意味着如果公司将资金用于其他投资项目，可获得 10% 的收益率。你愿意卖给谁？

当前投资的机会成本可以作为现金流的折现率，接下来我们分别计算 100 万元在一年后的终值以及 115 万元在当前的现值。

根据计算得：

100 万元的终值 ＝（1 + 10%）× 100 ＝ 1.1 × 100 ＝ 110（万元）。

115 万元的现值 ＝ 115 ÷（1 + 10%）＝ 115 ÷ 1.1 ≈ 104.55（万元）。

通过比较可以发现，如果这是一个单期决策，买家 B 出价 115 万元在当前的现值约为 104.55 万元，高于买家 A 立即支付的 100 万元现金。因此，从财务角度来看，公司应该选择将地产出售给买家 B，这样能获得更高的实际价值。从自利角度出发，B 的出价看似更优。

　　然而，实际决策远比简单数字对比复杂，需考量 B 未来支付的不确定性，如违约风险或延迟支付的可能性。进一步假设 B 的支付存在不确定性，如两年后付款而非一年，则需重新评估其现值。通过调整折现率与期限，我们发现新的现值可能与 A 的出价相近或更低，这要求我们在决策时纳入概率评估，以综合考量风险与收益。

　　如上述案例中假设选了 A 而 B 一年后直接付款，那么就做了错误决策，如果选了 B 但实际上 B 最后又拖延了一年，两年后付款，则也是错误决策。

　　但是在当时选的时候，并不知道 B 会怎么样。在本例中，我们主要目的是理解货币具有时间价值，做投资决策时不能用不同时间点上的货币金额直接对比。观察可知，贴现率的选择非常重要，直接影响决策结果。如果我们追求的是通过期望价值的计算，可以更全面地评估不同选项的潜在价值，风险因素必须纳入评估范畴。因为风险收益相生相伴，只有正确评估了买家 B 的延迟支付风险，才能做出更为合理的决策，实现未来收益最大。

复利的陷阱

　　假设给你一个投资机会，从现在开始每年投资 1.4 万元，连续投资 40 年，每年收益率在 20% 的情况下，40 年后可以变成亿万富翁。你愿意参加这个投资计划吗？

　　这个例子揭示了现值与终值之间的巨大差异及影响因素。值得注意的是，实际收益率的微小波动均可能对最终财富产生重大影响。

3. 资产价值评估的逻辑

　　在资产市场上有很多种对资产进行定价的方法，其中基于货币具有时间价值的折现现金流定价法是核心的资产定价方法。任何资产当前的价值都取决于资产未来创造现金流的能力及承担的风险的大小。

　　以债券为例，估值时需考虑其历史收益（即利息支付）及到期时的面值回收。债券的价值等于债券未来各期支付利息与偿还本金的现值之和。

$$P_0 = \sum_{t=1}^{T} \frac{I_t}{(1+r)^t} + \frac{P_T}{(1+r)^T}$$

其中，r 为市场利率；I_t 为每年的利息；P_T 为本金偿还或卖出的价格。

贴现率的选择应与债券的风险特性相匹配，而非简单地以票面利率为依据。

> 票面利率仅反映了债券发行时的利息支付标准，而非投资者承担风险的真实回报率。

因此，在债券估值过程中，应综合考虑市场利率、信用风险等多种因素来确定合理的贴现率。

假如发布的三年期债券票面利率设定为 5%，但面临市场反应冷淡、无人购买的局面。为了顺利筹集资金，发行方不得不采取降价策略，最终成功以 97 元的价格发行。这反映出投资者对 5% 的票面利率并不满意，认为其无法充分补偿所承担的风险，故要求更高的实际回报率。

因此，当债券以低于面值的价格发行时，投资者所期望的回报率必然高于票面利率。这导致了贴现率与票面利率在大多数情况下不相等，仅当债券平价发行时，两者才相等。

相较于债券，股票的估值逻辑更复杂。如果从类似角度将股票估值置于折现现金流估值框架下，股票为投资者带来的收益流主要包括两部分：一是定期分红，即每期的股利支付；二是最终出售股票时获得的售价。那么股票的价值应由这两部分收益经适当贴现率折现后得到。即

$$P_0 = \sum_{t=1}^{T} \frac{D_t}{(1+k)^t} + \frac{P_T}{(1+k)^T}$$

其中，k 为与股票投资风险相当的贴现率；D_t 为每年的分红；P_T 为第 T 年卖出股票的价格。

股票估值公式中的贴现率，通常反映了投资者对股票投资风险与预期收益的权衡。贴现率的选择至关重要。由于股票投资的风险性较高，相应的贴现率也应设定在较高水平，但具体的评估过程较为复杂，将在第 7 章系统学习。

3.2.3　杠杆原则与理财决策

在企业经营中，合理运用经营杠杆和财务杠杆可以帮助企业实现收益的提升，但同时也需要谨慎把控，避免因杠杆过高而带来过大的风险。

1. 经营杠杆

经营杠杆是指企业以固定成本获得不固定息税前利润（EBIT）的机制。经营杠杆反映企业固定成本与变动成本的结构性特征，衡量营业收入变动对息税前利润（EBIT）的放大效应。其本质在于固定成本的存在：当企业固定资产投入较高时，固定成本（如折旧、租金）在总成本中占比提升，导致EBIT 对收入波动的敏感性增强。例如，企业用机器取代计时人工，机器的购置成本等属于固定成本，而随着产量和销量的变动，息税前利润会随之变化。它反映了投资决策所致的使用固定成本程度，是经营风险的度量。

当企业固定成本较高时，较小的销售额变动可能会引起较大的息税前利润变动，经营杠杆较大，经营风险也较高；反之，固定成本较低，经营杠杆较小，经营风险相对较低。

两种工艺的比较

假设存在两种帽子生产工艺，A 与 B，它们各自拥有不同的固定成本与变动成本结构。工艺 A 固定成本 3 万元，单位成本 6 元；工艺 B 固定成本 5.4 万元，单位成本 4 元。每顶售价 11 元。一般而言，固定成本较低的生产工艺往往伴随着较高的变动成本，反之亦然。应该如何选择生产工艺？

在现有条件下，如何有效比较两种工艺？首先，我们可通过图表展示两者的成本曲线，图 3-2 中，以不同线型区分 A 与 B（假设实线代表 A 工艺，其固定成本较高，初始利润点较低，反映了较高的租赁成本或初期投入）。观察该图，当生产量为零时，利润亦为零，此时固定成本全额承担，无产出以分摊。

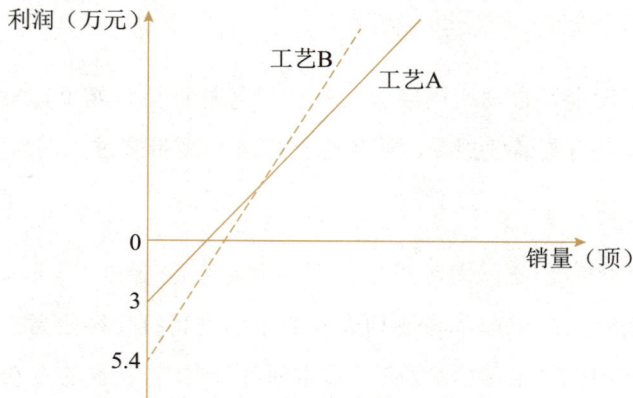

图 3-2　两种工艺的收益比较

　　利用斜率分析成本曲线的陡峭程度，虚线斜率较高，意味着单位产量增加时，利润增幅更为显著，这体现了高固定成本下的"杠杆效应"。基于杠杆逻辑，我们应如何选择的关键在于无差异点，即两种工艺利润相等的销售量。若预计市场销量高于无差异点，则应选择能发挥更大杠杆效应的工艺（如虚线代表的 B 工艺）；反之，则应选择成本结构更为灵活、固定成本较低的工艺（如实线代表的 A 工艺）。

2. 财务杠杆

　　财务杠杆是以固定财务费用获得不固定税后利润（EAT）的机制，通俗来讲就是用他人的钱取代自己的钱。 财务杠杆体现企业债务融资对股东收益的放大作用，通过固定利息支出将息税前收益波动传导至税后净利润。比如企业通过借款等方式融资，需要支付固定的利息等财务费用，而随着企业盈利情况的变化，税后利润会受到影响。它反映了融资决策所致的使用固定财务费用程度，是财务风险的度量。

　　假设一家企业借款经营，无论企业盈利多少，都需要按时支付固定的利息。当企业盈利较好时，扣除固定利息后，股东可获得的税后利润可能会因借款的存在而放大；但如果企业盈利不佳，固定的利息支出可能会使企业面临更大的财务压力，甚至导致亏损，这就体现了财务杠杆的双面性。

　　接下来，我们进一步探讨前面两种工艺比较的例子。无论是选择工艺 A

还是工艺 B，都需要资金支持，这些资金可以通过举债（即债务融资）或股东自有资金（即股权融资）来筹集。关于举债规模的大小，其决定因素在于财务杠杆效应的考量。更高的债务比例意味着更强的财务杠杆效应，但同时也伴随着更高的利息负担和财务风险。因此，我们需进一步深入分析，以确定在何种条件下应更充分地利用财务杠杆。

在决定采用何种融资方案时，如图 3-3 所示，我们应遵循与经营杠杆决策相同的逻辑，即寻找"无差异点"。此处的无差异点指的是两种融资方案下息税前收益相等的点。通过预测市场销量，我们可以计算出不同融资方案下的息税前收益，并将其与无差异点进行比较。若预计的息税前收益高于无差异点，则采用高杠杆，即债务融资方案更为有利。

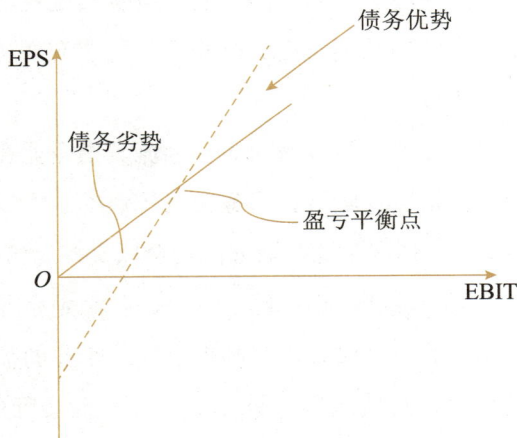

图 3-3　两种融资方案的收益比较

充分利用杠杆（包括加杠杆和去杠杆）是管理企业风险、优化财务结构的关键。杠杆管理需明确区分经营杠杆与财务杠杆，前者影响经营决策，后者则涉及融资决策。

3.3　公司理财的核心要素

3.3.1　现金流

现金流是企业生存和发展的关键要素。现金是企业持有的货币资金，涵盖库存现金、银行存款等，是企业可随时动用的资金储备。而现金流则是企业在特定会计期间，依据现金收付实现制，因各类经济活动所产生的现金流入、流出及其总量的动态反映，它展现了企业资金流转的全貌。

1. 企业现金流的分类

经营活动产生的现金流：经营活动现金流是指企业在日常经营活动中，因销售商品、提供劳务、购买商品、接受劳务、支付职工薪酬、缴纳税费等与经营业务直接相关的活动所产生的现金流量。它是企业核心业务运营的资金体现，反映了企业通过正常经营活动创造现金的能力。

投资活动产生的现金流：投资活动现金流是企业在进行长期资产的购建和处置，以及不包括在现金等价物范围内的投资及其处置活动中所产生的现金流量。这些活动与企业的长期发展战略和资产配置密切相关，影响企业未来的盈利能力和资产结构。

筹资活动产生的现金流：筹资活动的现金流是指企业在筹集资金过程中所产生的现金流量，包括股权融资和债务融资等活动。它反映了企业的融资能力和资本结构的变化，体现企业获取外部资金以支持运营和发展的能力。

企业的现金流不同于现金，也不同于利润。利润是企业在一定会计期间按照权责发生制核算出的经营成果，它侧重于反映企业的盈利能力和经营业绩。而现金流则是按照收付实现制计算，更关注企业实际的资金收付情况。例如，企业赊销商品，即使未收到货款，但满足收入确认条件时会确认收入并计算利润；但从现金流角度，只有实际收到货款才产生现金流入。有时企业账面利润可观，但可能因资金回笼慢等原因现金流紧张。

2. 现金流的重要性

现金堪称企业的"血液"，充足稳定的现金流是企业支付日常运营费用的保障，如员工薪酬、水电费、原材料采购款等，确保企业正常运转。一旦现金流断裂，企业将面临生产停滞、员工流失等困境，甚至可能破产清算。

现金流比利润更能真实反映企业财务健康状况。利润易受会计政策、折旧方法等因素影响，而现金流是实实在在的资金流动，能更准确体现企业偿债能力、支付能力和资金周转能力，投资者和债权人往往更关注企业现金流情况，因其直接关系到投资和债权能否收回。

　　企业的投资和筹资活动都依赖现金流。投资决策时，需考量是否有足够现金流支持项目实施，以及项目未来现金流能否覆盖成本并盈利；筹资时，要依据现金流状况和未来资金需求，选择合适融资方式和规模，避免过度负债引发财务风险。

　　来看一下表 3-1 中 A、B 公司的净利润和现金流情况。从净利润来看，A 公司在过去 3 年期间净利润呈现快速增长的趋势，从 18 120 万元增长到 72 030 万元，增长幅度非常大；而 B 公司净利润也在增长，从 82 055 万元增长到 150 412 万元，但增速相对 A 公司而言较慢。从利润规模的角度看，B 公司更优；但是从成长性角度看，A 公司更优。

表 3-1　净利润现金流变化表　　　　　　　　单位　万元

年份	2021 年	2022 年	2023 年
A 公司			
经营现金流	12 081	14 923	15 075
投资现金流	−16 843	−33 592	−43 275
自由现金流	−4 762	−18 669	−28 200
净利润	18 120	35 063	72 030
B 公司			
经营现金流	97 578	169 371	210 517
投资现金流	−35 519	−54 084	−77 807
自由现金流	62 059	115 287	132 710
净利润	82 055	111 854	150 412

　　但是，从现金流的角度看，A 公司其高增长背后隐藏着风险。经营活动现金流远低于投资活动现金流，意味着企业的花钱速度远远超过了赚钱速度。这种情况下，企业不得不依赖外部融资来维持运营，一旦融资受阻，便可能陷入资金链断裂的困境。这就是所谓的"成长性破产"，即企业在快速成长过程中因现金流管理不善而导致的破产风险。因此，对于 A 公司而言，在追求增长的同时，必须确保现金流的健康与稳定，以避免陷入成长性破产的危机。

现金流管理，其核心应聚焦于"自由现金流"（free cash flow，FCF）这一概念。自由现金流是指企业经营活动与投资活动所产生的净现金流，在扣除了必要的资本支出与运营费用后，可自由支配用于偿还债务、再投资或分配给股东的现金流。这一指标并非简单等同于会计报表中的经营活动现金流和投资活动现金流之和，而是经过特定计算得出的，反映了企业真实可动用的财务资源。自由现金流的充裕与否，直接关乎企业的长期生存能力、发展潜力及股东回报能力。

在对比 A 公司与 B 公司时，自由现金流的差异尤为显著。A 公司的自由现金流持续为负，且缺口呈扩大趋势，这反映出其经营与投资活动产生的现金流难以覆盖其资本支出与运营需求，存在较大的财务风险。而 B 公司则拥有正的自由现金流，表明其经营稳健，能够生成足够的现金流以支持企业的持续发展与股东回报。

概 念 区 分

"现金"与"现金流"的概念。现金，作为资产负债表中的一项资产，直接反映了企业当前可立即动用的货币资金。而现金流，特别是自由现金流，则是通过一系列会计与财务分析得出的动态指标，用于衡量企业长期财务健康状况与资金运作效率，不等同于利润或现金。

3.3.2 风险

风险是公司理财决策重要的考量因素。当经济环境竞争态势加剧、变化节奏迅捷且市场预测难度越来越高，即便规模庞大的企业，也频繁面临倒闭危机或陷入困境。德隆轰然倒塌的案例充分彰显了企业在扩张进程中，倘若未能审慎把控风险，过度倚重杠杆效应以及盲目推进多元化经营，极有可能引发资金链断裂等一系列严重后果。中航油新加坡公司的巨亏事件反映出企业在涉足衍生品交易时，若未能建立健全有效的风险管理机制，极易遭受巨额损失。此外，很多中小代工企业，亦时常因外部环境的变化面临生存挑战。

风险是公司理财的另一个关键因素。在深入探讨风险之前，我们首先关注的是企业或个人究竟面临并承担了哪些风险。

1. 风险的内涵

什么是风险？风险是指在某一特定环境下，在某一特定时间段内，某种损失发生的可能性。它是一种不确定性，可能导致实际结果与预期结果产生偏差。为了具体理解风险这一概念及其相关知识点，我们将首先进行一项小测试，旨在明确"风险"的本质定义。

一 个 测 试

当你出门时，会看当天的天气预报，决定是否需要携带雨具以规避被淋湿的风险。当你看到"降雨概率为 30%"时，你获取了什么信息？

有人会认为这表示明天有 30% 的时间会下雨，也有人可能误解为明天有 30% 的地区将遭遇降雨，然而这些解读均不准确。实际上，这一概率是基于历史相似天气条件，统计得出的未来降雨可能性，即在过去同等条件下，有 30% 的天数发生了降雨。

此类可通过数据统计得出的风险，在英语中被称为"risk"，它特指那些能够用概率进行量化的不确定性。但风险的含义不止于此。

"火鸡的错觉"

试想你是一只火鸡，偶遇屠夫。初次相遇，火鸡难免心生恐惧，担忧自己成为刀下亡魂。然而，屠夫非但未取其性命，反而赐予食物，这无疑打破了火鸡最初的恐惧预期，就这样火鸡安稳地度过了接下来的 98 天。到了第 100 天，当火鸡再次遇到屠夫时，开心地飞奔向屠夫，可惜它不知道自己已经大难临头了。

　　每当火鸡再次见到屠夫，基于过往经验（即前99天未受伤害且获得食物），按照概率评估风险的逻辑，火鸡可能会错误地认为遭遇杀害的风险正在降低，甚至在第100天达到最低点。然而，火鸡忽略了那个决定性的未知因素，一个对它而言全然陌生的节日，却决定了它的命运。

　　类似地，企业在风险管理过程中，也不能仅凭已知概率来全面统计和预测所有风险。实际上，许多潜在风险可能尚未被企业或管理者所察觉。

　　为了有效区分可预测、可统计的风险与不可预测的风险，可以借用英语单词"risk"与"uncertainty"进行明确界定。狭义的风险是指在特定情境下，已知各种可能结果及其发生的概率，可通过概率统计等方法进行量化和评估，例如掷骰子，结果和概率都可确定，如图3-4。不确定性则是指无法预知可能结果，也无法知晓其发生概率，如新技术的未来市场反应难以预测。但两者又相互关联，不确定性可能包含风险，当不确定性逐渐明朗，部分可转化为风险。在企业层面，这种不确定性往往蕴含了大量未知的风险，其存在比例可能远超可预测风险。

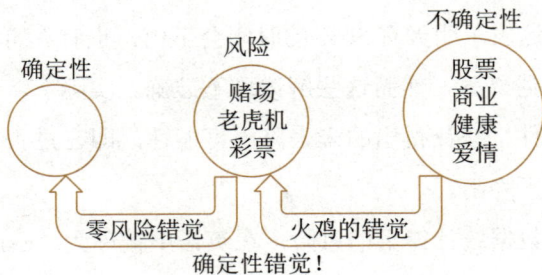

图 3-4　不同类型的风险

2. 风险的分类

　　基于风险的产生来源分类，可以分为经济风险、财务风险和营运风险。

　　经济风险主要体现为销售额的不确定性，这种不确定性是由外部环境因素引起的。外部环境涵盖广泛，包括宏观经济形势、行业竞争态势、政策法规变化、消费者偏好改变等。例如，宏观经济衰退会导致整体市场需求萎缩，消费者购买力下降，从而使企业销售额受到负面影响；行业内新竞争对手的进入可能引发价格战，瓜分市场份额，导致企业销售额下降；政策法规的调整，如税收政策变化、环保标准提高等，可能增加企业成本，进而影响产品价格和销售额。经济风险是企业面临的一种宏观层面的风险，它对企业的影响往往是全局性和长期性的，企业难以完全掌控，只能通过不断调整经营策略和风险管理措施来适应外部环境的变化。

财务风险主要是指股东收益的不确定性，这种不确定性源于企业负债所带来的固定利息支出。 当企业通过举债等方式筹集资金时，就承担了在未来特定时期内支付固定利息的义务。例如，企业发行债券或向银行贷款，无论企业经营状况如何，都必须按时足额支付利息。如果企业经营不善，盈利能力下降，可能无法产生足够的现金流来支付利息，进而影响股东的收益。此时，股东不仅面临收益减少的风险，甚至可能遭受本金损失。财务风险的大小与企业的负债水平密切相关，负债比例越高，财务风险通常越大。

营运风险是指营业利润的不确定性，其根源在于企业存在固定经营成本。 固定经营成本是指在一定时期和一定业务量范围内，不受业务量增减变动影响而能保持不变的成本，如厂房设备的折旧、管理人员的工资等。当企业的销售额发生变动时，由于固定经营成本的存在，营业利润的变动幅度会更大。例如，在经济不景气时，销售额下降，但固定经营成本不变，这会导致营业利润大幅减少，甚至出现亏损；而在经济繁荣期，销售额增加，由于固定成本已被分摊，营业利润会以更快的速度增长。营运风险反映了企业在日常经营活动中，因成本结构和市场需求等因素变化而面临的盈利波动风险。

基于风险可分散性分类，可以分为系统风险和非系统风险。

系统风险又称市场风险，是一种不可分散风险，它是由对整个经济都产生影响的事件所导致的，这些事件包括利率波动、通货膨胀、社会环境变化等。系统风险会同时影响所有企业，无论企业的规模、行业或经营模式如何。例如，当利率上升时，企业的融资成本普遍增加，债务负担加重，这会对大多数企业的财务状况产生负面影响；通货膨胀会导致原材料价格上涨、劳动力成本上升，企业的生产成本增加，利润空间受到挤压。然而，不同企业受系统风险影响的程度是不同的，这取决于企业的行业属性、资产结构、市场地位等因素。例如，资本密集型企业在利率上升时受到的冲击可能更大，因为其债务融资规模相对较大；而对通货膨胀敏感度较低的行业，如某些高科技行业，受到的影响可能相对较小。

系统风险是决定必要报酬率的风险因素，投资者在评估企业价值和投资决策时，会充分考虑系统风险，因为它无法通过投资组合的多元化来消除。

非系统风险是可分散风险，它是由影响单个企业的特殊事件所致，这些事件包括企业的诉讼纠纷、研发项目的成败、劳资纠纷等。非系统风险仅与特定企业相关，不会对整个市场产生普遍影响。例如，一家企业因产品质量问题面临大规模的消费者诉讼，这将导致该企业的声誉受损、销售额下降、法律费用增加等，但其他企业可能不受此事件影响。

投资者可以通过构建多元化的投资组合来分散非系统风险，即投资于多个不同行业、不同类型的企业，当某个企业受到非系统风险冲击时，其他企业的良好表现可能会抵消该风险带来的损失。因此，在企业风险管理中，虽然无法完全避免非系统风险，但可以通过加强内部管理、规范经营行为、提高企业竞争力等措施来降低其发生的概率和影响程度。

3. 风险的度量

基于预期结果偏差的风险度量

风险可被定义为决策的预期结果与实际结果之间可能出现的偏差。这一概念强调了风险的本质在于结果的不确定性。在企业运营中，任何决策都伴随着对未来结果的预期，但实际情况往往受到多种因素的影响，从而导致结果偏离预期。为了度量这种基于结果偏差的风险，通常需要确定一个基准值，该基准值一般为预期平均值。

正偏（upside）指的是实际结果优于基准的情况，这可能为企业带来超出预期的收益和机会；而负偏（downside）则表示实际结果劣于基准，可能导致企业遭受损失，如利润下降、市场份额减少等。通过统计分析正偏和负偏的可能性及其程度，来反映风险。

基于偏离程度的风险，通常直接用标准差来度量。

经营杠杆与经营风险度量

经营杠杆是企业风险度量的工具之一。经营杠杆反映了投资决策所致的使用固定成本程度，固定成本在总成本中所占比重越高，经营杠杆效应越显著。经营杠杆度越大，表明企业经营风险越高。

经营杠杆度的计算公式为：

$$营业杠杆度 = \frac{\Delta\, EBIT/EBIT}{\Delta\, S/S}$$

其中，EBIT 为息税前利润；S 表示销售额。

财务杠杆与财务风险度量

财务杠杆则是以固定财务费用获得不固定税后利润（EAT）的机制，财务杠杆度是财务风险的度量指标，较高的财务杠杆意味着企业面临较大的财务风险。

财务杠杆度的计算公式为：

$$财务杠杆度 = \frac{\Delta\, EPS/EPS}{\Delta\, EBIT/EBIT}$$

其中，EBIT 为息税前利润；EPS 为每股收益。

例 3-2

A 公司是一家生产型企业，公司对下一年的业绩进行了简单的预测，并对未来市场可能的波动进行了测算。在预期销售额因为企业外部因素波动 10% 的情况下，表 3-2 是 A 公司在不同销售情况下的财务数据。

表 3-2　A 公司业绩变动预测　　　　单位　万元

	预测	销售下降 10%		销售增加 10%	
		金额	变动比例	金额	变动比例
销售额	1 000	900	−10%	1 100	+10%
变动成本	(380)	(342)	−10%	(418)	+10%
固定成本	(380)	(380)	不变	(380)	不变
息税前利润	240	178	−26%	302	+26%
固定利息	(40)	(40)	不变	(40)	不变
税前利润	200	138	−31%	262	+31%
所得税	(100)	(69)	−31%	(131)	+31%
净利润	100	69	−31%	131	+31%

在表 3-2 中，我们可以看到 A 公司在不同销售情况下的财务数据。当销售额上升 10% 时，由于经营杠杆的作用，息税前利润（EBIT）的增长幅度超过了销售额的增长，达到了 26%。这表明 A 公司在利用固定成本进行生产时，销售额的小幅增长能够带来利润的更大幅度增长，体现了经营杠杆的正面效应。然而，当销售额下降 10% 时，息税前利润的下降幅度也超过了销售额的下降，达到了－26%。这反映了经营杠杆的负面效应，即销售额的小幅下滑会导致利润的更大幅度下滑，增加了企业的经营风险。

同样地，财务杠杆也影响着 A 公司的财务风险。在表 3-2 中，我们可以观察到当息税前利润变动时，税前利润的变动幅度受到财务杠杆系数的影响。较高的财务杠杆系数意味着税前利润的变动对息税前利润变动的敏感度更高，从而增加了企业的财务风险。例如，当息税前利润下降 26% 时，税前利润的下降幅度将达到 31%。

销售额仅下降 10%，但息税前利润却下降了 26%；税前利润进一步下降了 31%。据此可以算出企业的经营杠杆系数为 2.6，财务杠杆系数约为 1.2，总杠杆系数为 3.1。风险在 A 公司传递并累积的过程如图 3-5 所示。

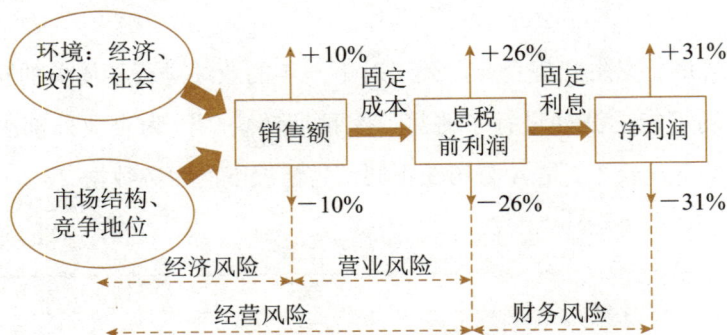

图 3-5　风险的分类与传递

4. 杠杆与风险控制

近几年，从国家层面到企业层面，都在强调去杠杆的重要性。财务杠杆，指的是企业通过借款等财务手段来扩大经营规模，而去财务杠杆，则是为了降低因举债过多而带来的潜在风险，特别是在经济不景气或业绩下滑时，过高的财务杠杆可能导致企业陷入困境。

在企业扩张的进程中，若扩张策略实现了经营杠杆效应，那么支撑这一扩张的资金来源便显得尤为关键。倘若资金是通过借贷获得，这便蕴含了深层的含义——即后续杠杆效应可能加剧。企业的总杠杆，本质上衡量的是从销售额到净利润之间的波动幅度。当探讨去杠杆化时，管理者必须能够明确是应削减财务杠杆还是经营杠杆。

在经济环境不好时，企业可能剥离非核心资产，聚焦于核心业务，这实质上是对经营杠杆的精细化调整。而在经营性资产与运营能力稳健的前提下，则调整财务活动与融资策略，以实现去杠杆的目的。因此，去杠杆并非一概而论，而是需根据企业实际情况进行差异化操作。

5. 多元化与分散风险

企业面对风险时，首要考虑的通常是如何通过分散化手段来减轻潜在损失。这一问题实质上抉择的是应将资源集中于单一领域，还是分散至多个不同领域。将资源分散于多个"篮子"（即不同领域或市场）是降低风险的直观策略。然而，多元化战略对企业绩效的积极影响并没有得到理论和实践的完美验证。

早期的巨人集团从最初的计算机业务起步，后涉足保健品、生物医药乃至房地产等多个领域，跨越多个不相关行业的多元化策略，虽看似广泛布局，实则缺乏内在逻辑与协同效应，属于典型的非相关多元化。后期的不良结果说明了企业实施多元化战略可能给企业带来的困境。不相关的多元化虽可能实现"东方不亮西方亮"的风险对冲效果，但同样存在"东方不亮，西方亦不亮"的风险。

在探讨多元化战略时，关于风险分散的议题，常引用"鸡蛋不应全放在一个篮子里"的古老智慧，其起源可追溯至百余年前卡内基对企业经营策略的深刻洞察。卡内基的观点独树一帜，他认为企业若欲实现基业长青，应将资源集中于一个坚固且受严密监控的"篮子"中。

关于多元化战略对企业利弊的探讨，需具体问题具体分析。一位知名企业家曾提出"一只手的多元化"概念，强调企业应围绕核心能力进行相关多元化拓展，即新业务应建立在既有核心能力的基础之上，形成协同效应。这种策略有助于企业巩固市场地位，提升整体盈利能力。相反，若多元化过于分散，与核心能力脱节，即所谓的"两只手的多元化"，则可能削弱企业的竞争优势，对获利能力构成不利影响。

3.3.3　资本效率

1. 效率

所谓效率，即资产或资本的使用效率，就是让有限的资本更勤奋地工作。从财务的角度看，它表现为单位投入产生的销售收入最大。对于进入了微利时代的企业来说，面对越来越紧的资本约束，强调效率的意义更加重大。

通过投资获得回报是公司创造价值的基本途径。因此，投资回报率的高低往往被看成考察企业资本运用效率的主要指标。但是，投资回报率是由两个基本因素决定的，即销售净利润率和资本周转率，后者才是效率的真正体现。

例 3-3

我们先来分析一家看上去经营得不错的企业，该企业有关的财务指标如表 3-3 所示。从表 3-3 数据可以看出，该企业销售收入同比增长了 83.33%，税后利润增长了 68.00%，看似业绩不错。

表 3-3　某企业近 3 年的经营业绩表　　　　单位　百万元

	2020 年	2021 年	2022 年	增长率 /% （2020—2022 年）
销售收入	120	160	220	83.33
税后利润	25	32	42	68.00
总资产	250	520	900	260.00
固定资产	220	430	750	240.91
流动资产	30	90	150	400.00
投资回报率 /%	10.00	6.15	4.67	−53.30
销售净利率 /%	20.83	20.00	19.09	−8.35
资本周转率	0.48	0.31	0.24	−50.00

然而，总资产增加了 260.00%，其中流动资产增加了 400.00%，远超销售收入和税后利润的增长幅度。这表明企业为了实现业绩增长投入了大量资本。投资回报率方面，从 2020 年的 10.00% 下降到 2022 年的 4.67%，下降幅度达 53.30%，意味着单位资产创造的税后利润大幅减少，资本没有得到更高效的利用。资本周转率下降了 50.00%，反映出企业资本的运营效率在降低，资本周转速度变慢，没有让有限的资本更勤奋地工作，即便企业有销售业务，但整体上资本效率不佳，没有实现资本的高效增值和运转。

这样，我们得到如下结论：除了销售净利润率以外，以资本周转率表示的资产运用效率是影响投资回报率的另一个主要因素。如果说销售净利润率的高低反映了企业的盈利能力，那么资本周转率的高低则反映了企业资产的运营效率，二者共同作用影响着企业的投资回报率。企业在经营过程中，不仅要关注盈利能力的提升，还应重视资产运营效率的提高，以实现投资回报率的稳定增长和企业价值的持续创造。

2. 资本效率

在实践中，资本效率的获得并不是一件容易的事。资本投入产生的收益必须能够抵偿所有的资本成本部分之后才能产生真正的资本效率。如第 2 章所述，公司理财具有强烈的"OPM"背景，即公司理财是用他人的钱，无论是权益资本还是债务资本，公司只是拥有使用权，而没有所有权。因此，管理者在用别人的钱的时候，很容易产生一种感觉，即把别人的钱看成容易的钱，从而可以随心所欲地使用。显然，这种想法严重阻碍了资本效率的实现。

那么，如何才能让管理者在用他人的钱时，将效率放在重要的位置，为提高资本的运用效率而努力呢？答案很简单，即增加资本成本的约束，所有的资本都必须计算成本。

按照会计的定义，资本成本是公司为获得资本的使用权而向资本的所有者实际支付的费用。按照这一定义，债权人提供的债务资本是要计入成本的，即公司使用债务资本必须向债权人支付的利息，它作为债务的成本扣抵利润，并反映在公司的损益表中。但是，由于公司因使用权益资本而向股东支付的股利是非限定的，会计上并不将其列支为成本，即权益资本的成本并没有反映在公司的损益表中。这就是说，如果用会计税后利润来考核经营业绩的话，权益资本是没有成本的。

因此，会计的资本成本定义是不完全的，带来的结果是，基于会计净利润的业绩考核指标无法对管理者提高资本的使用效率提供有效的约束。既然权益资本是"免费的午餐"，管理者便可以放心大胆地按照自己的意愿去使用资金，而不必过多考虑效率问题。

举例说，假设某公司有一笔多余的资金，它可以用于投资某一个项目，其预期回报率很低，只有3%左右。当然，公司也可以将这笔钱以股利的形式分配给股东。在项目投资与股利分配之间，管理者的选择与股东的偏好可能并不一致。从管理者角度看，由于项目的回报率为正，选择项目投资可以增加公司的资产规模、销售收入和净利润。如果用资产增值、销售收入或净利润指标来考核，这一选择产生的影响是正面的。但是，如果从股东角度看，如此低的投资回报率显然不是他们所希望的。公司不如将这笔钱分给他们，股东可以用这些钱自己在资本市场上进行投资，得到的回报率可能比3%高。这就是说，管理者进行项目投资的决策虽然预期可以实现正的回报，但由于这一回报过低，它不一定意味着为其股东创造了价值，反而可能损害股东的利益。

因此，为了让管理者能够更多地思考投资效率，必须从出资者的角度去定义资本成本，即资本成本应当是资本的机会成本，是投资者出让自己资金使用权希望得到的最低回报率，也就是本章第3.2.1小节中所说的预期收益率或必要收益率。显然，根据此定义，权益资本也是有成本的，并且这一成本高于债务资本的成本，因为股东承担的风险要高于债权人，他们理所当然地希望得到更高的回报。

本章思考题

1. 请简述金融经济学的三大经典基本假设及其含义。

2. 阐述行为金融学中的"过度自信"心理偏差如何影响理财决策。

3. 依据自利原则，当企业面临多个投资机会时，管理层应如何抉择？

4. 已知某项目预计未来 5 年每年年末产生现金流，详细说明如何运用时间价值原理计算该项目的现值，列出计算公式及关键步骤。

5. 解释杠杆原则在企业融资决策中的作用，分析企业在什么情况下适宜提高杠杆水平，什么情况下应降低杠杆水平。

6. 论述风险在公司理财中的内涵，列举至少三种企业面临的常见风险类型，并简要说明其对企业财务状况的影响。

第2部分

能力评估与增长管理

　　传统的财务报表分析方法往往侧重于历史数据的回顾，而重新解读财务报表则要求管理者深入理解数据背后的经营含义，通过更细致的财务分析，揭示企业运营中的优势与短板。这种能力不仅能够帮助企业准确评估自身的财务健康状况，还能为制定科学的增长策略提供坚实的基础。通过系统化的财务分析，企业能够构建全面的能力评估框架，精准识别成长驱动因素。本部分将深入探讨如何通过创新性的财务报表解读和财务分析，为企业持续发展提供理论支持与实践指导。

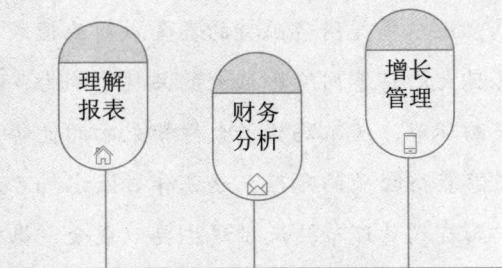

第4章
解读财务报表

20 世纪 60 年代，沃尔玛在美国阿肯色州成立，由山姆·沃尔顿创立。在发展初期，沃尔玛凭借其独特的类金融商业模式在零售业中脱颖而出。沃尔玛利用其庞大的销售网络和强大的品牌影响力，与供应商建立了长期合作关系。在采购环节，沃尔玛凭借大规模采购的优势，对供应商具有很强的议价能力，能够获得较长的账期，这意味着沃尔玛可以免费占用供应商的资金长达数月。而在销售环节，沃尔玛主要以现金、银行卡等即时收款的方式进行交易，实现了资金的快速回笼。

在 20 世纪 80 年代到 90 年代，沃尔玛进入快速扩张期，其类金融模式发挥了巨大作用。通过占用供应商资金，沃尔玛获得了充足的现金流，用于开设新的门店、升级物流配送系统以及优化供应链管理等。到了 21 世纪初，沃尔玛已经成为全球最大的零售商之一，其类金融模式也更加成熟和完善。沃尔玛不仅继续优化与供应商的合作关系，还通过供应链金融等创新方式，为供应商提供融资支持，帮助供应商解决资金周转问题，同时也进一步巩固了自己在供应链中的核心地位。[1]

---

[1] 资源来源于：毛伟杰．动态能力视角下跨国零售企业供应链数字化转型路径研究 [D]．南宁：广西民族大学，2024.

本章学习目标

● 熟悉企业资产负债表的基本结构与构成要素。

● 掌握利润表的编制原理及主要反映的经营信息。

● 了解现金流量表的作用及各类现金流量的区分方法。

● 学会从出资人视角解读资产负债表蕴含的关键信息。

● 能够站在股东视角剖析利润表的意义。

〕4.1　企业基本财务报表

在本章，我们将聚焦于分析企业的财务能力及其未来发展趋势。我们首先从认识企业三大核心会计报表——资产负债表、损益表及现金流量表入手解读财务报表。

4.1.1　资产负债表

关于资产负债表，它本质上是一个静态记录，旨在全面反映企业某一特定时点的资产规模、负债状况及所有者权益等关键财务信息。

1. 资产负债表的结构

资产负债表是反映企业在某一时点全部资产、负债和所有者权益状况的报表，其基本关系式为：资产＝负债＋所有者权益。它如同企业财务状况的一张快照，反映特定时刻企业的财务全貌，是评价企业财务状况最重要的信息来源之一。

资产（assets）：是指能在将来产生现金流入或减少现金流出的资源。依照会计惯例，资产按流动性的大小递减顺序排列，分为流动资产（current assets）和固定资产（fixed assets）两类。

流动资产：是指可以在一年内转化为现金的资产，它主要由现金及现金等价物、应收账款、存货、预付账款等构成。其中，现金及现金等价物包括现有的现金、银行存款和期限短于 1 年的短期投资（通常指变现能力很强的有价证券）；应收账款是由于企业赊销形成的顾客尚未支付的账款；存货是企业为生产或销售所准备的原料、在产品和产成品；预付账款是企业为报表编制日期之后将要收到的产品或服务预先支付的款项。

固定资产：又称为有形资产，是指预期产生经济收益的时间在一年以上的资产，主要包括土地、建筑物、机器设备等。固定资产通常是以其历史成本（即购买价格）列示的。随着时间的流逝，资产的价值预期会逐渐减少，会计使用有计划的减少来反映资产价值的损耗，这就是所谓的折旧。资产负债表中固定资产的价值等于其取得价格减去自购买起开始计提的累计折旧，即账面净值。此外，有些无形资产（包括专利权、版权、特许经营权、许可证和商誉等）也列示在资产负债表上，这部分无形资产的价值也会随着时间的流逝而减少，通常用摊销的方式来反映这种价值的减少过程。

负债（liabilities）：是指债权人对企业资产的要求权。负债按到期日长短可分为流动负债（current liabilities）和长期负债（long - term liabilities）。

流动负债：主要包括短期债务、应付账款和预提费用。其中，短期债务是银行短期借款，以及 1 年之内到期的长期借款；应付账款是公司欠供应商的货款；预提费用是除去短期债务和应付账款以外与公司运营有关的短期负债，它通常是由产生费用与支付这些费用的时间差造成的，如应付税金、应付工资等。

长期负债：是指到期日长于 1 年的负债，包括欠债权人的长期债务和欠退休雇员的养老金等。

所有者权益（equity）：简称权益，是指公司股东所拥有的资产与负债之间的差额，又称为净资产，因为它反映了股东对公司股权投资的账面价值。权益又分为股本和留存收益（包括未分配利润和公积金等）。

2. 资产负债表的作用

对于企业经营者来说，资产负债表的作用主要体现在以下 3 个方面：

反映企业所掌握的资产规模及其分布情况。通过资产负债表，经营者可以清晰地看到企业拥有多少资产，以及这些资产中流动资产和固定资产的占比等，从而把握企业的经济实力。例如，流动资产占比较高的企业，其资产的流动性较强，短期偿债能力可能相对较好；而固定资产占比较大的企业，可能在长期经营资产方面投入较多，具有较强的生产经营基础。

反映营运资金（流动资产和流动负债）情况。营运资金是企业日常运营的重要资金保障，资产负债表能帮助经营者把握企业的短期偿债能力。当流动资产大于流动负债时，企业通常具有较好的短期偿债能力，能够较为顺利地应对短期债务的偿还和日常运营资金的需求；反之，则可能面临短期资金周转的压力。

反映企业长期资金来源的构成情况。从资产负债表中可以看出企业长期资金是更多地依赖负债还是所有者权益，从而把握企业的财务风险和长期偿债能力。如果企业长期负债占比较高，可能面临较大的利息支付压力和偿债风险；而所有者权益占比较大的企业，财务结构相对较为稳健，但可能也意味着企业没有充分利用财务杠杆来扩大经营规模。

例 4-1

表 4-1 是 A 公司 2023 年的资产负债表，观察表中资产与负债和所有者权益构成的特征，可以得出哪些基本结论？

表 4-1　A 公司 2023 年资产负债表　　　　　单位：万元

资产	金额	负债和所有者权益	金额
流动资产		流动负债	
现金	50	短期债务	30
应收账款	80	应付账款	60
存货	120	预提费用	20
预付费用	10	长期负债	150
		所有者权益	
固定资产总值	500	股本	200
累计折旧	−200	留存收益	100
固定资产净值	300		
总资产	560	负债和所有者权益	560

A 公司总资产为 560 万元，反映了企业整体的经济规模和经营实力。总资产规模越大，一般意味着企业拥有更多的资源用于生产经营活动、投资扩张等，在市场竞争中有更强的资源优势。

该公司流动资产为 260 万元（50＋80＋120＋10），流动负债为 110 万元，流动比率＝260/110≈2.36。一般认为流动比率在 2 左右较为合适，A 公司流动比率大于 2，表明其短期偿债能力相对较强，有足够的流动资产来偿还短期债务。

A 公司资产负债率约为 46.4%（资产负债率＝负债总额 / 资产总额 × 100%），表明企业长期偿债能力有一定保障。一般来说，资产负债率过高，可能意味着企业长期偿债风险较大，未来面临较大的利息支付和本金偿还的现金流压力。

4.1.2　利润表

利润表又称为损益表，它反映了公司在某一时期的经营成果，即资源的流动情况，是企业财务报表的重要组成部分，为利益相关者提供了关于企业盈利的关键信息。

1. 利润表的结构

利润表是按照一定的格式和分类，汇总企业在特定会计期间内的收入、成本、费用和利润等项目的报表。它通过一系列的计算和分类，展示了企业在该期间内的经营业绩。

销售收入：是企业收益的主要来源，代表着会计期间售出产品的收入或提供服务的收入。它是企业经营活动的起点，反映了企业产品或服务在市场上的受欢迎程度和销售能力。

销售成本：又称为销货成本或付现成本，是会计期间内与公司产品销售直接相关的成本，包括原材料、直接人工和制造费用等。它是计算毛利的基础，直接影响企业的盈利能力。

毛利：等于销售收入减去销售成本，反映了企业在扣除直接成本后，通过产品或服务销售所获得的利润空间。毛利的高低可以反映企业产品或服务的附加值以及成本控制能力。

销售与管理费用：又称为间接费用，是会计期间内与公司产品销售和经营管理有关的费用，如销售人员的工资、广告费用、办公费用、管理人员薪酬等。这些费用虽然不直接与产品生产相关，但对企业的运营和发展至关重要。

折旧：是将固定资产的成本在其预计的使用寿命期内以折旧的形式逐年摊销。例如，企业购买了一台设备，预计使用 10 年，那么每年就需要按照一定的方法计提折旧，计入当期费用。折旧不是现金流出，而是与当年收入配比的非现金支出，是为了实现收入与费用的配比，更准确地反映企业的经营成果。

营业利润：等于毛利减去销售与管理费用、折旧等与营业活动有关的费用后得到的盈余。它反映了企业日常经营活动的盈利能力，不考虑非经常性损益和利息费用等因素。

息税前利润（EBIT）：为营业利润加上非经常性收益并减去非经常性损失之后的净额。如果非经常性损益可以忽略不计，则息税前利润即等于营业利润。由于 EBIT 不受公司负债政策的影响，也与公司所得税负担的大小无关，因此它是考察公司获利能力的一个重要指标。

税前利润：简称为利润，它等于息税前利润减去利息费用后的净额，是公司缴纳所得税之前的利润。

税后利润：又称为净利润，它等于税前利润扣除公司所得税后的净额。

2. 利润表的作用

对于公司的经营者来说，利润表的作用主要体现在以下 3 个方面。

反映企业的销售规模，即销售收入。

通过销售收入的数值和变化趋势，经营者可以了解企业产品或服务的市场份额和销售增长情况，从而评估企业的市场竞争力和销售策略的有效性。例如，销售收入持续增长可能表明企业的市场拓展取得了成效，而销售收入下降则可能需要关注市场需求变化、竞争对手动态等因素。

反映企业的成本与费用水平，如销售成本、管理费用、销售费用、财务费用等。

这些项目的详细信息可以帮助经营者分析成本结构，找出成本控制的重点和可能存在的问题。例如，如果销售成本占销售收入的比例过高，可能需要优化采购渠道、降低生产成本；而管理费用的不合理增长则可能提示企业需要精简机构、提高管理效率。

反映企业的盈利能力，如销售利润、投资收益、营业外收支等。

通过计算和分析各种利润指标，如毛利率、营业利润率、净利润率等，经营者可以全面评估企业的盈利能力和盈利质量。盈利能力是企业生存和发展的基础，也是投资者、债权人等利益相关者关注的核心指标之一。

例 4-2

A 公司 2023 年的利润表如表 4-2 所示，从表格中可以获取哪些基本结论？

表 4-2   A 公司 2023 年利润表

项目	金额 / 万元
销售收入	800
销售成本	500
毛利	300
销售与管理费用	120
折旧	30
营业利润	150
非常项目	0
息税前利润（EBIT）	150
利息费用	20
税前利润	130
所得税（税率 25%）	32.5
税后利润（EAT）	97.5
股利	30
留存盈利	67.5

从 A 公司利润表可以看出，销售收入为 800 万元，显示了企业在该会计期间的销售业绩。销售成本 500 万元，计算得出毛利为 300 万元，毛利率为 37.5%（300÷800×100%），反映了企业在产品销售环节的盈利空间。销售与管理费用 120 万元和折旧 30 万元，扣除这些费用后得到营业利润 150 万元，营业利润率为 18.75%（150÷800×100%），体现了企业日常经营活动的盈利能力。息税前利润（EBIT）为 150 万元，由于没有非常项目，所以与营业利润相等，是考察企业经营获利能力的重要指标。利息费用 20 万元，

扣除后得到税前利润 130 万元。所得税按 25% 计算为 32.5 万元，税后利润为 97.5 万元，这是企业最终可供分配和留存的利润。股利分配 30 万元，留存盈利 67.5 万元，反映了企业利润的分配情况和内部积累能力。

重要概念及计算

息税前利润 $\text{EBIT} = S - C - D$

税前利润 $\text{EBT} = \text{EBIT} - I$

税后利润 $\text{EAT} = \text{EBT}(1 - t)$

息前税后利润 $\text{EBIAT} = \text{EBIT}(1 - t) = \text{EAT} + I(1 - t)$

S 为主营业务收入，C 为付现成本，D 为折旧额，I 为利息支付，t 为税率。

4.1.3　现金流量表

现金流量表是企业财务报表的重要组成部分，它如同企业资金流动的"晴雨表"，全面反映了企业在一定会计期间内现金及现金等价物的流入和流出情况，为企业管理者、投资者、债权人等利益相关者提供了关于企业现金收支和资金周转的关键信息。

1. 现金流量表的构成

现金流量表是按照收付实现制原则编制，将企业在一定时期内产生的现金流量分为经营活动、投资活动和融资活动三大类，分别列示各类活动所产生的现金流入、现金流出以及现金流量净额的报表。它以现金的收付为基础，弥补了利润表以权责发生制为基础编制可能导致的盈利与现金收支不匹配的问题，更真实地反映了企业的现金获取能力和资金周转状况。

经营活动产生的现金流量

销售收入净额：是指企业销售商品、提供劳务等日常经营活动所取得的现金收入扣除因销售退回、折扣等因素后的净额。这是企业经营活动现金流入的主要来源，反映了企业核心业务的现金创造能力。例如，企业销售产品收到的现金扣除因质量问题给予客户的现金折扣后的金额。

销售成本：在现金流量表中，销售成本是指实际支付的与销售相关的现金支出，如购买原材料、支付生产工人工资等直接用于生产销售产品的现金流出。它与利润表中的销售成本有所不同，利润表中的销售成本是按照权责发生制核算的，而现金流量表中的销售成本是实际发生的现金支付。

销售及管理费用：包括企业在销售和管理过程中实际支付的现金费用，如销售人员的差旅费、办公场所的水电费、管理人员的薪酬等。这些费用是企业日常运营中必不可少的现金支出，反映了企业经营管理活动的成本。

税金：指企业在经营活动中实际缴纳的各种税费，如增值税、所得税、城市维护建设税等。税金的缴纳是企业的法定义务，也是经营活动现金流出的重要组成部分。

营运资金需求增加：营运资金是指企业流动资产减去流动负债后的余额。如果企业在经营过程中，应收账款增加、存货增加或应付账款减少等，导致营运资金需求增加，这意味着企业需要占用更多的现金，从而形成经营活动现金流出；反之，如果营运资金需求减少，则会形成现金流入。例如，企业为了扩大销售，增加了存货储备，就会使营运资金需求增加，现金流出。

经营净现金流量：等于经营活动产生的现金流入减去现金流出后的净额。它反映了企业通过日常经营活动获取现金的能力，是衡量企业经营状况是否健康的重要指标。如果经营净现金流量为正数，说明企业经营活动产生的现金能够满足自身的发展需要，并有结余；如果为负数，则可能表明企业经营面临资金压力，需要通过其他途径筹集资金。

投资活动产生的现金流量

出售固定资产：是指企业出售闲置或不再使用的固定资产（如机器设备、建筑物等）所收到的现金。这是投资活动现金流入的一部分，反映了企业对固定资产的处置情况和资产变现能力。

资本性支出：是企业为了购置固定资产、无形资产等长期资产而发生的现金支出，如购买新的生产设备、购买专利技术等。这些支出是企业为了扩大生产规模、提升技术水平等进行的投资，通常金额较大，会对企业的现金流量产生重要影响。

投资净现金流量：等于投资活动产生的现金流入减去现金流出后的净额。它反映了企业在投资活动方面的资金收支情况，正数表示企业在投资活动中有现金净流入，可能是因为处置资产等获得的现金大于投资支出；负数则表示企业在投资活动中的现金净流出，即投资支出大于投资回收。

融资活动产生的现金流量

增加长期债务：企业通过发行债券、向银行等金融机构借入长期借款等方式增加的长期债务所收到的现金，这是企业融资的一种重要方式，会导致融资活动现金流入。

增加短期借款：类似于增加长期债务，只是借款期限较短，如企业向银行借入的一年内到期的流动资金借款等，也是融资活动现金流入的来源之一。

偿还长期借款：企业偿还之前借入的长期债务所支付的现金，这是融资活动现金流出的项目，反映了企业债务的偿还情况。

支付利息：企业因借款等融资活动而支付给债权人的利息费用，以现金形式流出企业，是融资成本的一部分。

支付股利：企业向股东分配股利所支付的现金，这是企业回报股东的一种方式，也是融资活动现金流出的重要内容。

融资净现金流量：等于融资活动产生的现金流入减去现金流出后的净额。它反映了企业通过融资活动筹集或偿还资金的情况，正数表示企业通过融资活动获得了净现金流入，负数则表示企业在融资活动中现金净流出，可能是因为偿还债务、支付股利等导致的。

2. 现金流量表的作用

评估企业的现金生成能力和偿债能力。经营活动净现金流是企业自身造血功能的体现，正数且稳定增长的经营净现金流表明企业能够通过日常经营活动持续产生现金，具备较强的偿债能力和财务稳定性。而投资活动和融资活动的现金流量则反映了企业的投资策略和融资需求，帮助利益相关者了解企业资金的来源和去向，评估企业的偿债风险和资金周转能力。例如，一个企业经营净现金流良好，但投资活动现金流出较大，可能是在进行扩张性投资，未来可能有较好的发展潜力，但也需要关注资金链是否紧张；如果融资净现金流为负数且主要是由于偿还大量债务，可能意味着企业面临较大的偿债压力。

辅助财务决策和经营管理。企业管理者可以通过现金流量表分析企业不同业务活动的现金收支情况，发现资金管理中存在的问题，如应收账款回收不及时、存货积压占用资金等，从而采取相应的措施优化资金配置，提高资金使用效率。例如，根据经营活动现金流量的情况，调整销售政策、加强应收账款催收；依据投资活动现金流量，合理安排投资项目和资金投入节奏；根据融资活动现金流量，选择合适的融资方式和时机，降低融资成本。

预测企业未来的现金流量和财务状况。通过对历史现金流量表的分析，结合企业的发展战略、市场环境等因素，可以对企业未来的现金流量进行预测。这对于投资者评估企业的价值、债权人判断企业的偿债能力以及企业自身制定财务预算和规划都具有重要意义。例如，投资者可以根据企业未来现金流量的预测，判断企业是否具有投资价值；企业可以根据预测结果合理安排资金，确保未来资金的平衡和可持续发展。

例 4-3

A 公司 2023 年的现金流量表如表 4-3 所示，观察该表的结构特征，可以获取哪些基本信息？

表 4-3　A 公司 2023 年现金流量表

项目	金额 / 万元
一、经营活动产生的现金流量	
销售收入净额	1 000
减：销售成本	600
销售及管理费用	200
税金	80
营运资金需求增加	50

续表

项目	金额 / 万元
经营净现金流	70
二、投资活动产生的现金流量	
出售固定资产	30
减：资本性支出	100
投资净现金流	−70
三、融资活动产生的现金流量	
增加长期债务	0
增加短期借款	50
减：偿还长期借款	30
支付利息	20
支付股利	10
融资净现金流	−10
四、总净现金流	
总净现金流	−10
五、期初现金	50
六、期末现金	40

从 A 公司现金流量表可以获得如下信息：

经营活动方面：销售收入净额为 1 000 万元，销售成本 600 万元，销售及管理费用 200 万元，税金 80 万元，营运资金需求增加 50 万元，经过计算得出经营净现金流为 70 万元，说明企业经营活动能够产生一定的现金净流入，经营状况尚可。

投资活动方面：出售固定资产获得 30 万元现金流入，但资本性支出为 100 万元，导致投资净现金流为−70 万元，表明企业在该期间进行了一定规模的投资，资金净流出。

融资活动方面：增加短期借款 50 万元，偿还长期借款 30 万元，支付利息 20 万元，支付股利 10 万元，融资净现金流为−10 万元，说明企业在融资方面有一定的资金流入，但偿还债务和支付股利等支出也较多，整体融资活动现金净流出。

❯ 4.2   重新解读财务报表

4.2.1   财务报表评述

传统财务报表是企业财务信息的重要载体,为利益相关者提供了了解企业财务状况、经营成果和现金流量的窗口。然而,这些报表也存在一些局限性,给管理者解读报表带来了一定的困难。

1. 传统财务报表的局限性

账面价值与内在价值的差异

资产负债表记录的是资产的账面价值,这种计量主要基于历史成本,是面向过去的。例如,企业购置的固定资产,在资产负债表上通常以购买价格减去累计折旧后的净值列示。然而,财务决策应当是面向未来的,一项资产的真正价值取决于其未来创造价值的能力,即未来预期所创造的现金收益的现值之和。像企业拥有的知名品牌、良好的信誉、忠诚的客户等无形资产,这些可能是企业创造价值的主要来源,但在资产负债表上却没有得到适当的反映。在负债方面,未决的诉讼、无效的管理、过时的设备、涣散的人心、低劣的信用等,以及由于融资创新形成的表外负债,都可能对企业未来的收益产生负面影响,但它们也没有体现在会计资产负债表中。投资者购买公司的股票是为了得到预期的未来收益,公司的市场价值是根据这种预期形成的。由于上述种种未计量的资产和负债因素的存在,公司的市场价值往往与账面价值相距甚远。因此,相对于市场价值而言,账面价值可能与公司内在价值相差更远,管理者仅依据资产负债表难以准确把握企业的真实价值和发展潜力。

会计利润与经济利润的分歧

利润表反映的是会计利润,它存在一定的缺陷。利润表最大的缺陷在于它只计入了实际支付的债务成本,却没有计入权益资本成本。事实上,任何资本(包括股权资本)都具有成本,因为"天下没有免费的午餐"。

但是，会计师认为成本是应付的，由于没有白纸黑字写明必须支付给股东多少现金红利，也就无法确认权益资本成本。考虑了包括权益资本成本在内的所有成本以后得到的是所谓的经济利润，它反映了公司为所有者创造的财富或价值。

> **会计净利润大于零并不意味着经济利润大于零。**

例如，一家企业看似会计利润不错，但如果其权益资本成本很高，可能实际上经济利润为负，这意味着企业并没有真正为股东创造价值。这种会计利润与经济利润的差异，容易让管理者对企业的盈利能力和经营绩效产生误判。

2. 管理者解读报表的难点

信息的复杂性与专业性

传统财务报表是特定会计准则下会计报告的产物，它提供的是反映企业财务状况的会计数据，这些数据的生成和呈现遵循了一系列复杂的会计原则和方法，如权责发生制、配比原则、折旧方法等。对于非财务专业出身的管理者来说，理解这些专业术语和会计处理方式本身就具有一定的难度，这可能导致他们在解读报表时无法准确把握数据背后的含义和信息，进而影响对企业财务状况的全面认知和分析。

> **很多非财务方向的管理者熟悉管理语言，不熟悉会计语言。**

静态数据与动态经营的矛盾

财务报表反映的是企业在特定时点或特定时期的财务状况和经营成果，是一种静态的信息呈现。然而，企业的经营活动是动态的、持续的，市场环境、行业竞争、经营策略等因素都在不断变化。管理者需要从静态的报表数据中洞察企业的动态发展趋势和潜在问题，这需要具备较强的分析能力和丰富的经验，否则容易被报表的表面数据所误导，无法及时发现企业经营中的风险和机遇。

传统财务报表虽然是企业财务管理的重要工具，但也存在一定的局限性。管理者在解读报表时面临诸多难点，因此有必要换个视角，结合更多的信息和指标，更全面、深入地分析企业的财务状况和经营绩效，为企业的发展提供更准确、有效的决策依据。

4.2.2   出资人视角看资产负债表

接下来我们将重新解读资产负债表，期望学习者能够超越原有的会计语言思维模式，转而采用管理者的视角和逻辑来分析问题。

1. 现金的意义

在会计编制报表时，资产负债表中，左侧按流动性大小递减顺序排列，先流动资产（如现金、应收账款等），后固定资产（如房屋、设备等）。资产按流动性递减排列，是因为流动资产变现能力强，能快速反映企业短期偿债能力和资金周转情况，固定资产则相对稳定。右侧按债务到期日长短排列，先流动负债（如短期借款、应付账款等），后长期负债（如长期借款等）。负债按到期日长短排列，可清晰展现企业近期和远期的偿债压力，流动负债需短期偿还，长期负债偿还期限较长，便于评估财务风险。

尽管现金、存货及应收账款等通常被视为快速变现的资产，但从资产使用效率层面分析，现金与应收款、存货等流动资产存在本质区别。应收款与存货等资产虽亦具流动性，但其在企业生产经营过程中扮演着更为积极的角色，能够直接或间接地为企业创造价值。因此，在审视资产负债表时，应对现金予以特殊关注，并与其他流动资产相区分，以便更准确地评估企业的资产利用效率。

> **现金是满足所有投资需求之后闲置的资产。**

所以，从流动性需求的角度，现金持有越多越好。但在实践中，企业现金持有量并非越多越好。从资产使用效率的角度来看，现金作为出资人向企业提供的资金在满足所有投资与运营需求后的剩余部分，其本质属性决定了其较低的利用效率。现金作为闲置资产，未能参与企业的生产经营活动，因此难以实现增值。

2. 上下游欠款的意义

资产负债表的右侧，即负债与所有者权益部分，其排序依据主要是偿还期限的长短。股东权益因无须还本付息，被视为无到期期限的长期负债，故位列最后。而在流动负债中，除短期借款外，还应包括应付款项、预收款项等，这些负债项目因其偿还期限较短，对企业的短期资金安排具有重要影响。

应付款、预收款与短期借款有什么差异？我们需从多个维度进行深入分析。尽管在评估流动性时，流动资产与流动负债在广义上不做严格区分，但应付款与预收款作为特定类型的流动负债，与短期借款在性质上存在显著不同。具体而言，应付款与预收款通常属于无息负债，即企业无须为此类负债支付利息费用，从而降低了融资成本。

在追求盈利能力的同时，企业自然期望在既定盈利水平下，尽可能减少资本投入，这直接关系到资本效率的问题。从融资角度来看，面对相同的资金需求，企业无疑更倾向于选择低成本乃至无成本的融资方式，以减轻财务负担。因此，在分析资产负债表时，应特别关注这些无息负债，并予以区别对待。

3. 管理资产负债表

鉴于资产负债表的复杂性，本节介绍一个更为简洁的改编版资产负债表，又称管理资产负债表，帮助管理者快速从报表中提取关键管理信息，如运营效率、盈利能力及资金链安全等核心指标。管理资产负债表的构成及其与资产负债表的差异见表 4-4。

表 4-4　管理资产负债表与资产负债表

管理资产负债表		资产负债表	
投入资本	占用资本	总资产	负债与权益
现金	短期借款	现金	短期借款
WCR		流动性资产：	流动性负债：
	长期资本：	应收账款	应付账款

续表

管理资产负债表		资产负债表	
投入资本	占用资本	总资产	负债与权益
固定资产净值	长期负债	存货	预提费用
	股东权益	预付费用	长期资本：
		固定资产净值	长期负债
			股东权益

会计资产负债表是按照会计准则编制的，它将企业的资产、负债和所有者权益按照一定的规则列示。然而，这种传统的列报方式存在一些问题。首先，应付账款和预提费用等科目从经营者角度看，并不完全属于财务决策的范畴。以应付账款为例，它被列为负债是因为其所有权属于供应商，但实际上，应付账款是企业生产经营过程中产生的自发性融资，它不需要支付资金成本，与银行短期借款和长期借款具有本质的差异，应当属于经营决策影响的范畴。应付税金、应付工资等预提费用也具有同样的性质。这些项目在会计资产负债表中与其他需要支付成本的负债混在一起，可能会影响管理者对企业真实财务状况和资金成本的判断。

为了克服会计资产负债表的局限性，管理资产负债表在其基础上进行了调整，重新定义了流动资产和流动负债。将流动性资产定义为应收账款、存货和预付费用等非现金形式流动资产，而流动性负债为应付账款和预提费用等不支付成本的经营性融资。

在此基础上，定义营运资本需求（working capital requirement，WCR），它是企业为支持经营活动的净投资，即

WCR＝流动性资产－流动性负债

＝（应收账款＋存货＋预付费用）－（应付账款＋预提费用）

然后，构建管理资产负债表的左、右两列。

管理资产负债表的左列是投入资本：由于流动资产可以分解为现金加上流动性资产，则会计资产负债表左边是由现金、流动性资产和固定资产净值构成。将流动性资产减去流动性负债得到营运资本需求，其他两项不变，则得到管理资产负债表的左列，统称为投入资本，即

投入资本＝现金＋营运资本需求（WCR）＋固定资产净值

相对于会计资产负债表列示的总资产而言，投入资本的口径要小些，即投入资本等于总资产减去流动性负债的净额。

管理资产负债表的右列是占用资本：会计资产负债表的右列由流动负债、长期负债和所有者权益构成。由于流动负债可以分解为短期债务加上流动性负债，而流动性负债已经归入左列的营运资本需求，则剩下的 3 项构成了管理资产负债表的右列，统称为占用资本，即

占用资本＝短期债务＋长期负债＋所有者权益

根据财务的基本原理，所有的占用资本都要计算成本，包括权益资本。这体现了管理资产负债表强调所有占用资本均要计算成本的理念，与会计资产负债表有所不同。

例 4-4

H 公司 2023 年的管理资产负债表见表 4-5。该表能给管理者和投资人提供哪些信息？

表 4-5　H 公司 2023 年的管理资产负债表数据　　单位：万元

投入资本	2023 年	占用资本	2023 年
现金	300	短期债务	400
营运资本需求（WCR）	800	长期负债	600
固定资产净值	900	所有者权益	1 000
投入资本总额	2 000	占用资本总额	2 000

管理资产负债表通过重新分类流动资产和流动负债，为管理者提供了一个更为清晰、直观的分析框架。以 H 公司 2023 年的管理资产负债表数据为例，我们可以看到，公司占用股东和债权人投入资本总额为 2 000 万元，这2 000 万元中，900 万元用于了固定资产投资，现金为 300 万元，虽然现金的利用效率较低，但它是企业流动性的重要保障，能够满足短期偿债和应对突发情况的需求。营运资本需求（WCR）为 800 万元，这反映了公司为支持经营活动所需的净投资。

通过管理资产负债表的分析，管理者可以更加深入地了解公司的资本结构、运营效率和资金链安全等关键指标，为公司的战略规划和财务决策提供有力支持。

管理资产负债表为企业管理者提供了一个更具针对性和实用性的财务管理工具。营运资本需求指标的引入，促使管理者更加关注企业营运资金的周转和管理。通过对营运资本需求的分析和监控，可以帮助管理者更快速获知企业流动性风险问题、资金使用效率问题及与上下游议价能力问题等。

4. 营运资本需求（WCR）的意义

通过关注 WCR 的符号变化及其与销售额的比率关系，我们可以更加准确地把握企业的资金流动状况和盈利潜力，为企业的稳健发展提供有力的财务支持。一般而言，企业倾向于追求较低的营运资本需求，因为这反映了企业在实现相同收益时，日常运营所需占用的资金更少，从而体现了更高的资金使用效率。

若某企业的营运资本需求上升，可能意味着其日常运营所需资金增加。这背后可能有两方面原因：一是企业规模扩大，导致资金需求自然增长，此属正常现象；二是企业在销售额保持稳定的情况下，营运资本需求上升，这则可能反映出资金使用效率的下降。

在分析 WCR 时，我们不仅要关注其绝对值的变化，更要重视 WCR 与销售额之间的比例关系。若该比例上升，即表明每实现 1 元销售额所需占用的资金增多，这直接指向了资金使用效率的降低。然而，也存在特殊情况，即 WCR 可能小于 0。这主要出现在某些特定类型的企业中，如预付款模式占主导地位的企业。在此类企业中，客户预付款项可能超过企业应付的流动性负债，导致 WCR 呈现负值。这种情况下的流动性资产管理策略与常规企业有所不同，需结合行业特点和业务模式进行深入分析。

在何种情境下，营运资本需求会呈现负值状态？

从公式可以看出，这主要归因于企业预收款项的显著增加。当企业的流动性负债超过其流动性资产时，WCR 便会呈现负值。具体而言，某些行业或企业的业务模式使得它们能够吸引大量预付款项，如美容服务、健身会员充值等，这些情况下，企业尚未提供相应服务或产品，但已提前从客户处收取费用，形成预收账款。

在此类企业中，应收账款往往保持较低水平甚至为零，因为服务或产品的交付与费用的收取几乎同步进行，或者存在明显的先后顺序。同时，应付账款则按照实际消耗或服务提供进度来结算，导致企业的流动性负债（主要为预收账款）大于流动性资产，从而使 WCR 为负。

对于大多数制造业企业而言，由于生产周期、库存管理及供应链金融的复杂性，其 WCR 往往为正。然而，在某些特定情境下，如某些制造业企业能够成功管理其供应链，确保对供应商享有账期而对客户则多采用现收方式，那么其 WCR 同样有可能呈现负值。当制造业企业的 WCR 转为负值时，标志着企业的盈利模式发生了根本性转变，从传统的依赖自有资金投入转变为一种"类金融"的盈利模式。

以零售业为例，尽管该行业的整体利润率较低，但零售业企业往往能够通过其高效的供应链管理和现金流管理能力，实现 WCR 的负值。这意味着零售企业在销售商品的同时，还能利用供应商账期与消费者支付之间的时间差，积累并管理一部分无成本的现金流。这些现金流不仅可用于支持企业的日常运营，还可通过投资理财等方式实现增值，从而为企业创造额外的财务收益。

4.2.3　股东视角看利润表

企业追求利润最大化是天经地义的事情，所有的利益相关者在共同努力之后创造的净收益通过利润表的净利润得以呈现。但是，企业创造的利润不一定等同于股东财富增值。这是因为净利润的计算过程可能受到多种因素的影响，比如盈余管理甚至财务造假。折旧政策、利息支付政策等也在利润表中扮演着重要角色。

一个晋升案例

两位部门经理参与了一个一年期业绩比赛，胜出者将被提升为公司总经理。假设在年度考核中，两人各自获得 500 万元资金用于投资，年终以净利润作为评价标准。部门经理 A 创造了 100 万元的净利润，而 B 仅创造了 90 万元的净利润。按照约定，A 获得晋升机会。

你认同上面这个选聘规则吗？

在评价管理者能力时，单纯依赖净利润指标可能不够全面。净利润受当年投资决策的影响，但也与融资决策息息相关。两位部门经理只能决定各自的 500 万元资金如何投放，不一定能有机会决定这笔钱的融资方式。B 可能需要贷款而承担了额外利息支出，从而导致净利润低于 A。

1. 税盾的作用

税盾，指的是因特定因素导致的税收减免效应。其中，折旧政策调整便是实现税盾效应的一种手段。通过缩短资产折旧年限（如从 10 年缩短至 5 年），企业每年的折旧费用将增加，进而提升当期的成本确认额，减少应税所得，最终实现减税目的。

因为利息是税前支付，企业债务融资也是影响税收的一个重要方面。

例 4-5

假设某公司息税前利润（EBIT）为 100 万元，所得税税率 $t=40\%$。公司当前是全权益融资状态，总投资额为 400 万元。此时息税前利润等于税前利润（EBT）100 万元。

所得税 $= 100 \times 40\% = 40$（万元）

税后利润（EAT）$= 100 - 40 = 60$（万元）

若公司通过负债 200 万元调整融资结构，股东撤资 200 万元，年利率为 10%，则利息费用 $I = 200 \times 10\% = 20$（万元）。

EBT $= 100 - 20 = 80$（万元）

所得税 $= 80 \times 40\% = 32$（万元）

税后利润（EAT）$= 48$（万元）

对比发现，公司因负债产生利息费用，使得应纳税所得额减少，从而少缴所得税 8 万元（即 $t \times I = 40\% \times 20$ 万元），这 8 万元就是负债融资带来的税盾效应。

企业净利润虽然减少，从 60 万元降至 48 万元，但实际上企业为出资人创造价值的能力增强了。因为股东的投资回报提高了，企业创造收益流的能力也提升了。

2. 权益资本成本的缺失

会计净利润仅考虑了企业的收入减去各项费用（包括债务利息等）以及所得税后的余额，而忽视了权益资本的成本。权益资本是股东投入企业的资金，股东期望获得相应的回报，未扣除权益融资成本会导致管理者和投资者对企业的真实业绩产生误判。

例 4-6

假设某企业股东出资 1 000 万元，当年会计净利润为 30 万元。若股东将这 1 000 万元放在银行，年利率为 6%，则一年的利息收益为 $1\,000 \times 6\% = 60$（万元）。尽管企业当年创造了 30 万元的会计净利润，但如果考虑到权益融资成本（即股东出资放在银行可获得的收益），实际上企业为股东创造的价值低于股东将资金放在银行所能获得的收益。这表明仅看会计净利润，可能会掩盖企业在资本使用效率方面的问题，无法准确反映企业为股东创造价值的真实能力。

本章思考题

1. 请简述资产负债表中资产和负债项目的分类依据，并列举流动资产的主要构成类别。

2. 阐述利润表的计算步骤，从营业收入开始到净利润结束，写出关键的加减项。

3. 简述自由现金流的内涵。

4. 从出资人角度出发，分析资产负债表中固定资产占比过高可能反映出企业的哪些潜在风险。

5. 简述现金流量表如何辅助企业判断资金的流动性状况，列举三个相关指标加以说明。

6. 站在股东视角，利润表中的净利润是否可以反映企业的盈利能力？

7. 假设你是企业财务顾问，如何综合运用资产负债表、利润表和现金流量表，向出资人阐述企业的整体财务健康状况？请简要描述思路。

第 5 章
财务分析

引导案例

2008 年，全球金融市场被一场史无前例的风暴席卷，雷曼兄弟这家拥有
158 年历史的华尔街老牌投资银行轰然倒塌。雷曼兄弟长期活跃于复杂的金
融衍生品领域，尤其是抵押债务债券业务。在房地产市场繁荣的前些年，它
大量购入次级房贷资产，并以此为基础打包发行各类金融产品，获利颇丰。
当时，乐观的市场情绪让雷曼兄弟管理层忽视了潜在风险，资产规模急剧
膨胀。

然而，2007 年美国房地产市场泡沫破裂，次级房贷违约率飙升。雷曼兄
弟持有的大量次级房贷相关资产价值暴跌，变成了难以变现的"有毒资产"。
一方面，外部融资环境急剧恶化，投资者信心受挫，同业拆借市场对雷曼兄
弟关闭大门，原本依赖的短期资金来源枯竭；另一方面，资产端由于抵押品
贬值，无法通过抵押回购等常规手段获取流动性。到 2008 年 9 月，公司流
动性彻底枯竭，资金链断裂，无法偿还到期债务，只能无奈申请破产保护。①

---

① 资源来源于：杨子岩 . 金融危机周年祭：雷曼那些事儿 [N]. 人民日报海外版，2009-09-16（002）.

本章学习目标

- 理解财务视角评价企业经营能力的逻辑框架。
- 掌握财务比率分析的常用指标及计算方法。
- 熟悉传统流动性评价方法的具体操作流程。
- 学会运用多指标综合评价法评估企业流动性。
- 了解基于机器学习的流动性风险预测原理。

5.1　财务分析基础

5.1.1　财务分析的投资者逻辑

企业所有的利益相关者的诉求不同，对企业进行财务分析的视角也不尽相同。以几个主要的利益相关者为例，股东更关注自己的财富增值，所以他们更看重企业的投资回报和盈利能力；债权人更关注本金的安全性，所以他们更关注企业的偿债能力；企业的供应商更关注货款的及时回收，他们更关注企业的短期偿债能力；而企业的管理层负责运转企业，他们可能更关心的是企业的持续发展，只有企业能够持续经营并不断壮大才能提升自己的职业前景。

企业作为一个经济组织，其天生的使命是实现资源的有效配置，如何判断资源是否实现了有效配置呢？从公司理财的角度，提出用创造价值的能力来评价企业存在的合法性。那如何来评价一个企业创造价值的能力呢？可以从偿债能力、盈利能力、效率、成长能力四个方面对一个企业的价值创造能力进行全方位评估。

以股票投资为例，在你决定是否买入某只股票时，首要考虑什么问题？很多人给出的答案是这只股票能赚多少钱。这个回答不能说错误，但是可以肯定地说，不太符合基本商业分析逻辑。一位成功的企业家说过："商人的基本使命是先保证资本安全，然后在可承受风险范围内寻找增值的办法。"也就是说，投资企业或股票时，首要任务是评估其财务稳健性，确认其具备持续经营的能力。在此基础上再去考虑盈利能力等其他问题，避免因企业倒闭而导致的投资损失。

那要如何评估一个企业是否存在快速倒闭的风险？

首要关注的是其资金链的安全性，即流动性风险。在确保企业短期内不会因资金链断裂而陷入困境，即企业能够维持基本运营的前提下，进而考察其盈利能力。作为投资者，在确认投资对象具备盈利潜力的同时，还需进一步探究其盈利的根源，是源自高效运营、技术垄断还是其他独特优势。运营效率的提升体现了管理者对资源的有效配置和利用能力，而技术创新、资源垄断等因素带来的超额利润具有强烈的路径依赖性，难以轻易复制或改变。

最后，不仅要关注企业当前的盈利能力，更要关注其未来的可持续发展能力。财务报表所反映的是过去的业绩，而投资决策应基于对企业未来前景的预判。特别是对于那些上市即达到巅峰的企业，投资者更应保持警惕，深入分析其持续增长能力。

5.1.2 财务分析方法

1. 单比率分析

单比率分析，即选取某一特定财务比率，依据该比率数值对企业某一方面财务状况进行评估。例如流动比率衡量企业短期偿债能力，比值越高，通常意味着短期偿债越有保障。优点是计算简便、直观易懂，能快速聚焦关键财务问题。但是单一比率分析过于片面，易忽略其他因素。若企业流动比率高，但流动资产中大量是滞销存货，实际偿债能力可能大打折扣。

在单比率分析中，可以基于以往的经验进行评价。例如，对于流动比率，一般认为 2 是较为理想的水平，这是基于大量企业实践经验得出的。经验丰富的财务分析师能根据行业特点和企业实际情况，灵活调整对经验值的参考。

也可以通过分析企业自身历史的财务比率发展趋势。若某企业应收账款周转率逐年下降，可能表明其销售回款政策或客户信用管理出现问题。对比不同时期的比率，能及时发现经营中的变化，为决策提供依据。

还可以将企业的财务比率与同行水平对比，明确自身在行业中的地位。

若某企业的资产净利率远低于同行平均水平，就需深入分析是盈利能力不足还是资产利用效率低下等问题，进而针对性地改进经营策略，提升竞争力。

或者以企业制定的财务比率预定目标作为重要参照。如设定销售净利率要达到 15%，实际分析时若未达标，可进一步剖析是成本过高还是售价过低等原因，以便采取措施达成目标，推动企业发展。

2. 多比率分析

多比率分析是综合运用多个财务比率，构建一个相对完整的分析体系。以常见的杜邦分析法为例，将净资产收益率（ROE）拆解为净利润率、总资产周转率和权益乘数。通过剖析各比率及其联动关系，深入探究企业盈利根源。多比率分析相对于单比率分析的优势在于全面性强，能从多个维度分析问题。如分析发现某企业净资产收益率下滑，是什么原因导致的？可以借用多比率分析精准定位问题。

3. 系统分析

这是一种更为宏观的财务分析模式，如哈佛分析框架。它包含战略分析、会计分析、财务分析和前景分析四个维度。战略分析从宏观环境、行业竞争等角度出发，理解企业战略定位对财务的影响；会计分析旨在评估企业会计信息质量，识别潜在财务数据操纵风险；财务分析运用各类比率分析等工具评估经营绩效；前景分析基于前述内容预测未来发展。

5.2　流动性分析

5.2.1　流动性内涵

1. 流动性定义

宏观经济层面的流动性主要指整个经济体系中货币资金的充裕程度以及资金的融通便利性。它涵盖了货币供应量、信贷规模、金融市场的资金活跃度等多个方面。例如，当中央银行实施宽松的货币政策，增加货币供应量、降低利率时，市场上的货币资金相对充裕，企业和个人获取资金的成本降低，融资难度减小，这体现了宏观经济层面流动性的增强。这种流动性的充裕有助于刺激投资和消费，推动经济增长，但如果流动性过剩，可能导致通货膨胀、资产泡沫等问题。

企业经营层面的流动性特指企业在运营过程中资金流转所面临的风险及资金的周转能力。狭义角度下，企业资产的流动性是指企业资产在价值不损失情况下的变现能力和偿债能力。例如，一家制造企业，如果其存货积压严重，无法及时转化为销售收入，同时又面临到期的债务需要偿还，那么就可能出现流动性紧张的问题。良好的企业流动性意味着企业能够及时、足额地偿还到期债务，并且有足够的资金满足日常经营活动。

2. 企业产生流动性问题的原因

企业流动性问题是一个复杂的综合性问题，涉及企业经营的各个方面以及外部环境的多种因素。

经营活动方面

销售回款不畅：企业产品或服务的销售可能面临客户拖欠账款的情况，导致应收账款账期延长，资金回笼速度变慢。

存货积压：企业对市场需求预测不准确，生产的产品或采购的商品超过市场实际需求，造成存货积压。存货占用了企业的资金，同时还可能面临存货减值的风险，进一步影响企业的资产流动性。

经营资金需求不能满足：企业在扩大生产规模、研发新产品、开拓新市场等经营活动中，需要大量的资金投入。如果企业自身的盈利不足以支撑这些资金需求，又未能及时从外部获取融资，就会出现流动性缺口。例如，一些科技初创企业在研发阶段需要持续投入大量资金，但产品尚未商业化，盈利微薄，若融资渠道不畅，很容易陷入流动性困境。

财务活动方面

债务结构不合理：企业如果过度依赖短期债务融资，而短期债务到期时又没有足够的资金偿还，就会面临流动性风险。例如，一些企业为了降低融资成本，大量发行短期债券，但在债券到期时，无法筹集到足够的资金兑付债券，引发流动性危机。

银行不信任：如果企业的财务状况不佳，如盈利能力下降、资产负债率过高、现金流不稳定等，银行可能会对企业的偿债能力产生担忧，从而减少对企业的信贷额度或提高贷款利率，甚至拒绝提供贷款。这使得企业难以通过银行信贷来补充流动资金，加剧流动性问题。在经济下行期，银行对企业的贷款审批更加严格，一些原本就面临资金压力的企业可能会因银行抽贷而陷入流动性困境。

资金预算不合理：企业在资金预算编制过程中，如果未能准确预测资金的流入和流出，导致资金安排不合理，可能会出现资金短缺的情况。例如，企业在安排资金支出时，没有充分考虑到供应商付款期限的提前、意外的费用支出等因素，而同时又没有预留足够的流动资金作为缓冲，就容易引发流动性问题。

外部环境方面

宏观经济政策调整：政府的货币政策、财政政策等宏观经济政策的变化会对企业的流动性产生影响。如货币政策收紧，银行信贷规模收缩，企业融资难度加大，融资成本上升，可能导致企业资金链紧张。

行业竞争加剧：在竞争激烈的行业中，企业可能会为了争夺市场份额而采取降价、延长账期等策略，这会影响企业的盈利能力和资金回笼速度，进而引发流动性问题。例如，家电行业竞争激烈，企业为了促销，可能会给予经销商更长的账期，同时利润空间被压缩，导致企业资金周转困难。

突发事件影响：如自然灾害、公共卫生事件、政治动荡等突发事件会对企业的生产经营和资金流动产生冲击。如果突发事件导致企业供应链中断，收入大幅下降，同时仍需支付固定的成本费用，如租金、员工工资等，导致企业流动性紧张。

5.2.2 传统流动性评价方法

评价企业流动性风险，财务视角主要是短期偿债能力分析。传统财

务分析方法主要用三个财务比率来评估，包括流动比率、速动比率和现金
比率。

1. 流动比率

流动比率是衡量企业短期偿债能力的重要指标，它表示一元流动负债对
应的流动资产数量，反映了企业流动资产在短期债务到期时可变现用于偿还
流动负债的能力。

$$流动比率 = 流动资产 / 流动负债$$

其中，流动资产包括现金、应收账款、存货等，流动负债包括短期债、
应付账款等。

一般来说，流动比率越高，企业短期偿债能力越强。但过高的流动比率
可能意味着企业流动资产占用过多，资金利用效率不高。例如，某企业流动
比率为 3，虽然短期偿债有保障，但可能存在大量闲置资金或存货积压等问
题，管理者需关注资产结构，优化资金配置。

2. 速动比率

速动比率是对流动比率的补充，它剔除了存货这一变现能力相对较弱的
资产，更精准地衡量企业在短期内可迅速变现用于偿债的能力。

$$速动比率 = （流动资产 － 存货）/ 流动负债$$

速动比率越高，表明企业的短期偿债能力越强且资产的流动性越好。当
速动比率较低时，如低于 1，企业可能面临短期偿债风险。

3. 现金比率

现金比率是最严格的短期偿债能力衡量指标，它反映了企业直接用现金
及现金等价物偿还流动负债的能力。

$$现金比率 = 现金 / 流动负债$$

现金比率高，说明企业即刻偿债能力强，但也可能表明企业现金类资产
闲置较多，未能充分利用资金获取收益。管理者需在保证足够现金偿债的前
提下，合理安排资金，平衡流动性与收益性。

4. 传统方法的评价逻辑

流动比率对于短期偿债能力的评价，是基于企业将所有流动资产变现后，对即将到期的短期债务的保障程度。然而，这一评价逻辑基于一个理想化的假设，即企业能够且愿意将其全部流动资产（如存货、应收账款等）迅速变现以清偿债务。现实中这种全面变现的情况几乎不可能发生，除非企业面临停业清算。因此，流动比率是从清偿能力的角度出发，而非基于企业的持续运营状态。

那为什么还要关注企业的短期偿债能力呢？核心原因在于预防资金链断裂的风险，确保企业能够持续稳定地运营。然而，若仅从清偿角度评价，可能无法全面反映企业真实的财务状况和运营能力，尤其是在动态变化的市场环境中。因此，有必要从持续运营的角度重新审视资金链的安全性问题。

5.2.3　持续经营视角的流动性评价

企业流动性风险本质上是在评估企业短期资金链安全性，流动比率和速动比率等指标虽能反映企业的短期偿债能力，却未必能全面体现企业资金链的持续运营安全性。

从资金流转的角度，企业资金链断裂的根本原因是企业的日常运转资金需求无法得到满足。所以从持续经营的角度看企业的流动性风险，可以从企业日常运转所需资金的来源来评价。营运资本需求（WCR）的资金来源可以作为评价企业资金链安全性的一个修正指标。

为此，我们引入一项新的流动性评价指标，即企业营运资本需求中长期融资所占的比例。

流动性比率 = 长期融资净值 / 营运资本需求

如图 5-1 所示，WCR = NLF + NSF。

长期融资净值 NLF = 长期融资 - 固定资产净值。

短期融资净值 NSF = 短期融资 - 现金。

图 5-1 营运资本需求（WCR）的资金构成

企业的资本结构和资产结构需要匹配，即短期融资应支持短期投资，长期融资应支持长期投资，有助于企业保持财务健康，避免因资金错配而引发的财务风险。企业维持日常运营所需的投资究竟是短期投资需求还是长期投资需求？尽管从资金来源的形式来看，这些投资需求呈现短期特性，因为它们源自存货、应收账款等资产。然而，从需求本质出发，日常经营活动需要进行的净投资对于企业而言具有长期性，只是会存在波动。

营运资本需求对企业而言可视为家庭日常开销的资金需求，就像家庭不应该用短期借款解决每个月维护家庭运转的基本开支一样，若企业需频繁依赖短期融资来满足这一长期存在的资金需求，无疑将增加资金链断裂的风险。因此，从流动性需求的角度看，支持 WCR 的资金来源应该更多地依赖于长期融资而非短期融资。

5.2.4 多指标综合评价法

1. 功效系数法

功效系数法是根据多目标规划原理，把所要评价的各项指标分别对照各自的标准，并根据各项指标的权数，通过功效函数转化为可以度量的评价分数，再对各项指标的单项评价分数进行加总，求得综合评价分数的一种方法。在企业流动性风险评价中，它通过对反映企业流动性的各项指标进行量化处理和综合分析，来评估企业流动性风险。基本评价步骤如下。

确定指标体系：选取能够反映企业流动性的一系列指标，如流动比率、速动比率、现金比率、营运资金周转率等。

确定指标的满意值和不允许值：满意值是指在当前条件下，各项指标可能达到的最优值，通常可以根据行业先进水平、企业历史最佳水平或预定目标等确定。不允许值是指各项指标在最差情况下的取值，一般可以根据行业最低水平、企业历史最差水平或相关法规要求等确定。

计算单项指标功效系数，将各项指标的实际值转化为功效系数，功效系数的取值范围一般在 60 ～ 100 分之间，60 分表示指标达到最低可接受水平，100 分表示指标达到最优水平。

$$正向指标功效系数 = \frac{实际值 - 不允许值}{满意值 - 不允许值} \times 40 + 60$$

$$负向指标功效系数 = \frac{不允许值 - 实际值}{不允许值 - 满意值} \times 40 + 60$$

确定指标权重：根据各项指标对企业流动性风险的重要程度，确定各权重。

计算综合功效系数：将单项指标功效系数乘以相应的权重，然后加总得到综合功效系数。

$$综合功效系数 = \sum_{i=1}^{n} 单项指标功效系数_i \times w_i$$

其中，w_i 为第 i 个指标的权重；n 为指标个数。

根据综合功效系数的大小，可以对企业的流动性风险状况进行评价和分析。

综合功效系数较高（如接近 100 分），说明企业流动性风险较低；综合功效系数较低（如接近 60 分），则表明企业可能面临较高的流动性风险。

例 5-1

假设 A 企业选取流动比率、速动比率和现金比率三个指标来评价流动性风险，权重分别为 0.4、0.3、0.3，确定的满意值和不允许值如表 5-1。

表 5-1   A 企业流动性比率数据表

指标	满意值	不允许值	实际值
流动比率	2.5	1	2
速动比率	1.5	0.5	1.2
现金比率	0.5	0.1	0.3

计算单项指标功效系数：

流动比率功效系数 $= (2.0 - 1.0) \div (2.5 - 1.0) \times 40 + 60 = 86.67$

速动比率功效系数 $= (1.2 - 0.5) \div (1.5 - 0.5) \times 40 + 60 = 88$

现金比率功效系数 $= (0.3 - 0.1) \div (0.5 - 0.1) \times 40 + 60 = 80$

计算综合功效系数 $= 86.67 \times 0.4 + 88 \times 0.3 + 80 \times 0.3 = 85.07$

能够综合考虑多个反映企业流动性的指标，避免了单一指标评价的局限性，更全面地反映企业流动性状况。通过明确的计算方法和标准，减少了主观因素对评价结果的影响，使评价结果更具客观性和可比性。可以根据不同行业、不同企业的特点，灵活确定指标体系、满意值、不允许值和权重，适应各种情况的流动性风险评价。

但是指标选取和权重确定有主观性：虽然有一些方法来确定指标和权重，但在实际操作中，仍可能受到人为因素的影响，导致评价结果的偏差。特别是满意值和不允许值的确定难度：要准确确定各项指标的满意值和不允许值并非易事，需要大量的行业数据和企业历史数据作为支撑，且这些值可能需要随着时间和环境的变化而进行调整。

2. 沃尔比重评分法

沃尔比重评分法是对多个财务指标赋予不同权重，计算综合得分来衡量企业的财务健康程度。它是一种通过对选定的财务比率进行评分，进而综合评价企业财务状况的方法。首先选择若干财务比率，如流动比率、利息保障倍数、资产周转率等，并为每个比率确定一个权重，权重总和为 100。然后确定每个比率的标准值，通常根据经验、历史数据、同行水平或预定目标来确定。再计算实际比率值，并将其与标准值相比，得出相对比率。将相对比率与权重相乘，得到各项比率的得分。最后将各项比率得分相加，得到企业的总评分。

　　沃尔比重评分法综合考虑多个财务指标，避免了单一指标的局限性，能较为全面地评价企业财务状况。沃尔比重评分法和功效系数法都是通过多指标评价企业财务风险，但是方法、原理不同。

　　沃尔比重评分法的权重设置可以根据企业的特点和分析重点进行调整，具有一定的灵活性。但是财务比率的选择和权重的确定带有一定的主观性，可能影响评价结果的客观性和准确性。标准值的确定有时缺乏科学依据，不同行业、不同企业的标准值可能差异较大。

例 5-2

　　为了全面了解自身财务健康状况，A 企业管理层决定对其流动性风险进行评估。在简单财务比率分析的基础上，公司决定用多指标的沃尔比重评分法综合评价流动性风险。相关数据见表 5-2。

表 5-2　A 企业的各项财务比率及相关数据表

财务比率	权重	标准值	实际值	相对比率	得分
流动比率	25	2.5	2.2	0.88	22
净资产 / 负债	25	1.5	1.3	0.87	21.75
资产 / 固定资产	15	2.5	2.3	0.92	13.8
销售成本 / 存货	10	8	7.5	0.94	9.4
销售额 / 应收账款	10	6	5.5	0.92	9.2
销售额 / 固定资产	10	4	3.8	0.95	9.5
销售额 / 净资产	5	3	2.8	0.93	4.65

　　总评分为：22 ＋ 21.75 ＋ 13.8 ＋ 9.4 ＋ 9.2 ＋ 9.5 ＋ 4.65 ＝ 90.3（分）。通过总评分与同行业或历史数据对比，可以大致判断企业的流动性风险水平。

3. Z-Score 模型

　　Z-Score 模型是一种基于多个财务指标的线性组合来预测企业财务困境（包括流动性风险导致的破产等情况）的模型。它通过计算 Z 值来判断企业的财务状况，Z 值越大，企业财务状况越好，流动性风险越低；反之，Z 值越小，企业面临财务危机和流动性风险的可能性越大。

　　常见的 Z-score 模型主要有以下几种，分别适用于不同类型的企业。

*Z*1 模型：适用于上市公司，计算公式为

$$Z1 = 1.2X_1 + 1.4X_2 + 3.3X_3 + 0.6X_4 + 0.999X_5$$

其中，$X_1 =$（流动资产 － 流动负债）/ 资产总额；$X_2 =$ 未分配利润 / 资产总额；$X_3 =$（利润总额 ＋ 利息支出）/ 资产总额；$X_4 =$ 权益市场值 / 负债总额；$X_5 =$ 销售收入 / 总资产。

当 *Z*1<1.81 时，企业信用风险较大；当 *Z*1 ≥ 2.99 时，企业信用状况良好。在证券市场中，投资者可利用该模型评估上市公司的财务健康状况，辅助投资决策；银行等金融机构对上市公司进行信贷评估时，也可据此决定是否放贷及放贷额度和利率。

*Z*2 模型：适用于非上市公司，计算公式为

$$Z2 = 0.717X_1 + 0.847X_2 + 3.107X_3 + 0.420X_4 + 0.998X_5$$

其中，变量含义与 *Z*1 模型类似，只是系数有所不同。

一般来说，当 *Z*2<1.23 时，企业信用风险较大；当 *Z*2 ≥ 2.9 时，企业信用状况良好。在对非上市企业进行并购重组时，收购方可用该模型评估目标公司的财务稳健程度；非上市企业自身也可通过该模型进行财务分析，了解自身破产风险，及时调整经营策略。

*Z*3 模型：适用于非制造企业，计算公式为

$$Z3 = 6.56X_1 + 3.26X_2 + 6.72X_3 + 1.05X_4$$

其中，$X_1 =$（流动资产 － 流动负债）/ 资产总额；$X_2 =$ 未分配利润 / 资产总额；$X_3 =$（利润总额 ＋ 折旧 ＋ 摊销 ＋ 利息支出）/ 资产总额；$X_4 =$ 所有者权益 / 负债总额。

*Z*3<1.23 时，风险很大；*Z*3 ≥ 2.9 时，风险较小。在对非制造企业进行信用评级时，评级机构可使用 *Z*3 模型作为重要的评估工具。

Z - Score 模型综合考虑了多个财务指标，且各指标的权重是通过大量的实证研究得出，具有一定的科学性和客观性，能够较为准确地预测企业的财务困境，为投资者、债权人等利益相关者提供决策依据。但模型是基于历史数据统计建立的，对于未来环境的变化和企业的特殊情况可能无法完全准确预测。

▌5.3　获利能力分析

5.3.1　常见的获利能力评价比率

从不同利益相关者的视角出发，可以选择不同的财务比率评价企业获利能力。股东权益报酬率、投入资本回报率和资产回报率是三个比较常用的获利能力评价指标。

1. 股东权益报酬率

股东权益报酬率（return on equity，ROE），反映了股东投入资本的获利能力，表明每单位股东权益能够带来的净利润。ROE 是衡量企业为股东创造价值能力的重要指标。较高的 ROE 通常意味着企业能够有效地利用股东投入的资金，为股东带来丰厚的回报，从而吸引更多的投资者，提升企业的市场价值和股价。

$$ROE = EAT / E$$

其中，EAT 代表净利润；E 代表股东权益。

2. 投入资本回报率

投入资本回报率（return on invested capital，ROIC），考虑了企业的债务融资和股权融资，反映了企业运用所有投入资本创造收益的能力。

$$ROIC = EBIT / IC$$

其中，EBIT 代表息税前利润；IC 代表所有投入资本。

ROIC 有助于企业出资人评估其资本配置的效率和投资决策的有效性。较高的 ROIC 表明企业能够以较少的资本投入获得较高的收益。对于投资者和债权人来说，ROIC 也是评估企业投资价值的重要参考指标。例如，当企业的 ROIC 高于其加权平均资本成本（WACC）时，说明企业在创造价值，不仅为债权人提供了合理的回报，还为股东创造了额外的价值。

3. 资产回报率

资产回报率（return on assets，ROA），衡量了企业利用全部资产获取利润的能力，反映了企业资产的运营效率和盈利能力，ROA 可以理解为评价企业利用所有利益相关者资产进行获利的能力。

$$ROA = EAT / A$$

其中，EAT 为净利润；A 为资产总额。

4. 几个常用指标的不足

当投资者面对股票选择时，很多人都会先看看该股票的每股收益（EPS）与市盈率，这是券商或分析师在评价股票时最常提及的两个概念。然而，这两个指标却并不直接等同于企业获利能力的评价指标。每股收益与利润紧密相关，只能反映企业盈利能力的一个方面。市盈率等于股票价格除以每股收益，更不能直接反映企业的盈利能力。市盈率的经济含义是指以当前价格投资股票后，以当前的收益水平投资者收回成本的时间，揭示了投资回收期的长短，而非收益的直接体现。

最后一个需要强调的指标是销售利润率，销售利润率虽为评估企业盈利能力的一个重要维度，却不是全面反映获利能力的指标。它仅侧重于衡量企业销售活动所产生的利润比例，即企业创造盈利能力的一个方面。即便销售利润率表现强劲，不能代表企业的获利能力强。

5.3.2　获利能力的驱动因素

1. 两种盈利模式的比较

决定企业盈利能力的核心要素是什么？为销售商品制定高价表示企业一定能获得高利润吗？不一定。

从本质上讲，特别是从出资人角度审视企业赚钱能力，主要聚焦于两大核心问题：创造厚利的能力与运营效率。这两大要素在实际运营中，往往体现为两种不同的盈利模式：茶餐厅模式与快餐店模式。

快餐店模式之所以能在市场中脱颖而出，关键在于其高效的运营模式。通过快速周转、低成本运营，快餐店能够在保持价格竞争力的同时，实现较高的销售毛利率。这种模式虽然可能在单笔交易中获取的利润较为有限，但凭借其庞大的销售量与高效的周转速度，依然能够创造出可观的利润。

而茶餐厅模式则更侧重于提供高品质的服务与体验，以创造厚利为目标。在这种模式下，企业可能通过提供高附加值的产品或服务，如舒适的环境、个性化的服务等，来吸引并留住顾客，但是茶餐厅的翻台率肯定比快餐店低很多。

当然，理想的状态是企业能够同时兼顾厚利与效率，即既拥有高毛利率的产品或服务，又具备高效的运营效率。这样的企业在市场中将具有极强的竞争力与盈利能力。

2. 杜邦分析

杜邦分析起源于美国杜邦公司，是一种经典的财务分析方法。将净资产收益率（ROE）进行三要素分解，如图 5-2 所示。通过杜邦分析，企业管理者和投资者可以清晰地了解企业盈利的来源和驱动因素。

```
                    ┌─────────┐
                    │   ROE   │
                    └─────────┘
          ┌─────────────┼─────────────┐
    ┌──────────┐  ┌──────────────┐  ┌──────────┐
    │ 盈利能力  │  │ 资产运用效率  │  │ 财务杠杆  │
    │  EAT/S   │  │     S/A      │  │   A/E    │
    └──────────┘  └──────────────┘  └──────────┘
```

图 5-2　杜邦分析图

$$ROE = 净利润率 \times 总资产周转率 \times 权益乘数$$

其中：

$$净利润率 = 净利润 / 销售收入$$
$$总资产周转率 = 销售收入 / 总资产$$
$$权益乘数 = 总资产 / 股东权益$$

这三个指标共同决定了企业的净资产收益率（ROE），反映了企业的盈利能力、资产使用效率和财务杠杆水平。通过杜邦分析，我们可以进一步探究企业盈利能力的内在逻辑。

净利润率反映了企业每单位销售收入的盈利能力。净利润率越高，说明企业在控制成本和费用方面做得越好，或者在定价策略上拥有更高的溢价能力。

　　总资产周转率体现了企业资产的使用效率。总资产周转率越高，说明企业资产周转速度越快，资产利用效率越高，进而可能带来更多的销售收入和利润。

　　权益乘数反映了企业的财务杠杆水平。权益乘数越高，说明企业使用了更多的债务融资，财务杠杆效应越大。虽然这可能会增加企业的财务风险，但也可能带来更高的 ROE。

　　回溯至本节开头的问题，通过杜邦分析的分解，我们发现高价销售并不等同于高利润。企业的成功在于能否设定高价，更在于能否在市场中实现销售，将产品转化为实实在在的收益。

> 　　管理者需要同时关注企业创造厚利的能力以及运营效率的高低。

　　从股东角度看企业创造价值的能力，除了销售利润率和资产周转率两个驱动因素以外，多了一个融资决策影响的权益乘数。它反映了企业利用债权人的资金为股东创造价值的能力，也就是利用财务杠杆的能力，也是企业通过借款等债务融资方式扩大经营规模的能力。当财务杠杆较高时，意味着股东以较少的自有资金撬动了更多的外部资金，从而可能控制并使用更大规模的总资产进行经营。

　　例 5-3

　　A 公司是一家专注于电子产品生产与销售的企业，在行业内具有一定的知名度和市场份额。公司近年来不断加大研发投入，拓展市场渠道，同时也在优化资产结构，以提升整体经营绩效。关键财务数据如表 5-3 所示。

表 5-3　A 公司相关数据表

年份	净资产收益率 / %	净利润率 / %	总资产周转率 / 次	权益乘数
2020	10.0	5.0	1.0	2.0
2021	12.5	5.0	1.25	2.0
2022	15.0	6.0	1.25	2.0

从数据可以看出，2021 年 ROE 从 2020 年的 10.0% 上升到 12.5%。在此期间，净利润率保持不变仍为 5.0%，权益乘数也未发生变化，为 2.0，而总资产周转率从 1.0 次提高到 1.25 次。这表明 ROE 的提升主要是由于总资产周转率的增加，即公司在资产运营效率方面有所改善。

2022 年 ROE 进一步提升至 15.0%。对比 2021 年，总资产周转率依然为 1.25 次，权益乘数还是 2.0，但是净利润率从 5.0% 提高到了 6.0%。此阶段 ROE 的增长关键因素是净利润率的提高。

5.4 运营效率分析

通过上节学习的企业获利能力的多要素分解，出资人可以知道驱动企业获利能力提升的两大因素是销售盈利能力和效率问题。企业能否获得厚利存在较强的路径依赖，比如所属行业特征、技术积累或资源垄断等因素。而效率问题更多与管理者能力相关。本节主要关注影响企业运作效率的三类财务比率。

5.4.1 现金使用效率

现金就像商业车轮的润滑油，极其重要。企业现金管理主要涵盖现金的流入、流出以及存量的控制，旨在确保企业在日常经营活动中有足够的现金来维持运转，同时避免现金闲置导致的机会成本增加。

1. 现金循环周期的定义

现金循环周期（cash conversion cycle，CCC）是指企业从支付货款（投资于生产中的原料）到获得现金流入（实现了投资于生产的现金回流）之间的时间，即从支付原材料款项和工人工资的现金支出到从产品销售中获得现金收入两者之间的时间间隔。这个周期包括了存货周转期、应收账款周转期和应付账款周转期三个主要部分，如图 5-3 所示。它反映了企业在营运资本管理方面的效率，等同于 1 元钱在流动资产中平均停留的时间。现金循环周期的长短直接影响到企业的资金使用效率和流动性，是企业管理层制定财务策略和经营决策的重要参考指标。

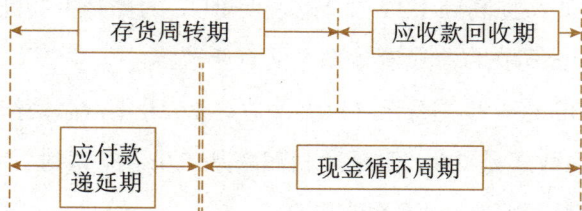

图 5-3　现金循环周期

2. 计算方法

现金循环周期由三个重要指标计算得出，分别是存货周转期、应收账款回收期和应付账款递延期。

现金循环周期＝存货周转期＋应收账款回收期－应付账款递延期

存货周转期：指的是从原材料转化为产成品，再到出售这些产成品所必需的平均时间，是产品在各个生产阶段持续时间的总和。

存货周转期＝存货额÷日出售的产品成本

其中，

日出售的产品成本＝年出售产品的成本÷360

应收账款回收期：指企业的应收账款转化为现金所需要的平均时间，也就是从销售产品到收回现金的时间，也被称作销售未结算天数。

应收账款回收期＝应收账款÷日赊销额，日赊销额＝年赊销额÷360

应付账款递延期指从购买原材料和雇佣劳动力到向供应商和劳动者支付现金之间的平均时间。

应付账款递延期＝应付账款÷日赊购额，日赊购额＝年出售产品成本÷360

例 5-4

Y 公司 2023 年的经营状况如下：当年出售产品的成本为 1.23 亿元，存货额为 2 700 万元，年赊销额为 1.5 亿元，应收账款为 1 800 万元，应付账款为 300 万元。

存货周转期 = 27 000 000 ÷（123 000 000 ÷ 360）≈ 79.0（天）

应收账款回收期 = 18 000 000 ÷（150 000 000 ÷ 360）≈ 43.2（天）

应付账款递延期 = 3 000 000 ÷（123 000 000 ÷ 360）≈ 8.8（天）

所以，

现金循环周期 = 79.0 + 43.2 − 8.8 = 113.4（天）

现金循环周期的长短直接影响企业的资金流动性。周期过长，企业资金被大量占用在存货和应收账款上，而应付账款的支付期限相对较短，这可能导致企业面临资金短缺的压力，增加外部融资的需求和成本。公司可能需要频繁融资来维持运营，增加财务风险和成本。

有效的现金循环周期管理有助于降低企业的运营成本。减少存货积压可降低仓储成本、保险成本以及存货减值损失；及时收回应收账款可减少坏账损失，同时提高资金的使用效率，使企业有更多资金可用于投资或偿还债务，从而可能增加盈利机会或降低财务费用；合理利用应付账款信用期，可在一定程度上缓解企业的资金压力，降低融资成本。企业可以根据自身的现金循环周期特点，制定相应的采购策略、生产策略、销售策略和信用政策等，提高企业的市场竞争力和盈利能力。

5.4.2　资产利用效率

1. 资产的分类

按流动性分类

流动资产：是指企业可以在一年内或者超过一年的一个营业周期内变现或者运用的资产，包括货币资金、交易性金融资产、应收票据、应收账款、预付款项、存货等。这些资产具有较强的流动性，能够快速转化为现金，以满足企业日常运营和短期偿债的需要。

非流动资产：是指流动资产以外的资产，包括长期股权投资、固定资产、无形资产、长期待摊费用等。这些资产的变现能力相对较弱，使用期限较长，为企业的长期发展提供支持。比如，企业购置的厂房、设备等固定资产，将在多个会计年度内为企业的生产经营服务，其价值通过折旧等方式逐步转移到产品成本或费用中。

按资产形态分类

有形资产：具有实物形态的资产，如固定资产（房屋、机器设备等）、存货（原材料、产成品等）。这些资产可以通过物理观察和计量来确定其存在和价值，是企业生产经营的物质基础。例如，一家制造企业的生产车间、生产线上的机器设备等有形资产，是其进行生产活动的必备条件。

无形资产：不具有实物形态，但能为企业带来经济利益的资产，如专利权、商标权、著作权、土地使用权、商誉等。无形资产虽然看不见摸不着，但在现代企业中往往具有重要价值，例如知名品牌的商标权可以为企业带来较高的产品附加值和市场份额。

2. 资产的使用效率

资产使用效率主要是指对有形资产的使用效率，更多关注的是流动资产使用效率的评价。高效的资产使用能够使企业在相同的资产规模下，创造更多的营业收入和利润；能够更快地将资产转化为现金，有助于企业按时偿还债务，降低财务风险。有很多指标评价资产的使用效率。

存货周转率，反映了企业存货的周转速度，存货周转率越高，说明存货变现的速度越快，存货管理水平越高。

$$存货周转率 = 营业成本 \div 平均存货余额$$

其中，

$$平均存货余额 = （期初存货余额 + 期末存货余额）\div 2$$

例 5-5

假设某企业 2024 年营业成本为 500 万元，期初存货余额为 100 万元，期末存货余额为 150 万元。则平均存货余额 =（100 + 150）÷ 2 = 125（万元）。

$$存货周转率 = 500 \div 125 = 4（次）$$

应收账款周转率，表明企业收账速度。应收账款周转率越高，表明企业收账速度快，平均收账期短，坏账损失少，资产流动性强，短期偿债能力强。

$$应收账款周转率 = 营业收入 \div 平均应收账款余额$$

其中,

平均应收账款余额 =(期初应收账款余额 + 期末应收账款余额)÷ 2

例 5-6

某企业 2024 年营业收入为 800 万元,期初应收账款余额为 120 万元,期末应收账款余额为 180 万元。平均应收账款余额 =(120 + 180)÷ 2 = 150(万元)。

$$应收账款周转率 = 800 \div 150 \approx 5.33(次)$$

固定资产周转率,说明企业固定资产的利用效率。固定资产周转率越高,说明企业固定资产的利用效率越高,固定资产投资得当,结构合理,能够充分发挥其生产能力。

$$固定资产周转率 = 营业收入 \div 平均固定资产净值$$

其中,

平均固定资产净值 =(期初固定资产净值 + 期末固定资产净值)÷ 2

例 5-7

某企业 2024 年营业收入为 1 000 万元,期初固定资产净值为 500 万元,期末固定资产净值为 600 万元。平均固定资产净值为(500 + 600)÷ 2 = 550(万元)。

$$固定资产周转率 = 1 000 \div 550 \approx 1.82(次)$$

通过存货周转率、应收账款周转率、固定资产周转率等评价指标,可以有效地衡量企业资产的使用效率,帮助企业优化资源配置。

5.4.3　资本利用效率

在第 4 章我们已经提到,资产负债表右侧的所有者权益与负债的来源不同,成本不同,对企业创造价值的能力的影响也不尽相同。对企业管理者而言,如果企业理财的目标定义为为出资人创造价值,那么首先就要明确出资人究竟向企业投入了多少,也就是企业的投入资本。资本使用效率主要关注出资人向企业投入的资本的使用效率问题。

1. 负债的分类

按期限分类

流动负债：是指企业将在一年或超过一年的一个营业周期内偿还的债务，包括短期借款、应付票据、应付账款、预收款项、应付职工薪酬、应交税费、应付利息、应付股利、其他应付款等。这些负债通常是企业为了满足短期运营资金需求而产生的，如企业采购原材料形成的应付账款，需要在短期内支付给供应商，以维持良好的商业信用关系。

非流动负债：是偿还期在一年或者超过一年的一个营业周期的债务，常见的有长期借款、应付债券、长期应付款等。企业为了进行大规模的长期投资项目，如新建厂房、购置大型设备等，往往需要筹集长期资金，这时就会产生非流动负债。这些负债的资金使用期限较长，相应地，还款压力也分散在较长时间段内。

按有无利息支付分类

有息负债：主要包括短期借款、长期借款、应付债券等。短期借款一般来源于银行等金融机构的短期信贷，企业因短期资金周转困难或季节性生产需求等向银行申请，需按约定利率支付利息，利率依据市场资金供求、企业信用状况等因素而定，通常相对较高，以补偿银行的资金风险。

无息负债：像应付账款、预收款项等属于此类。应付账款是企业采购货物或接受劳务时，因商业信用未即时付款形成，是供应商给予的免息资金支持，来源是与供应商的业务往来，能缓解企业短期资金压力。预收款项则是企业在销售产品或提供服务前收到的客户的预付款，是客户提前支付的款项。

2. 投入资本使用效率的评价方法

投入资本周转率

投入资本周转率是衡量企业投入资本利用效率的关键指标，它反映了企业在一定时期内投入资本所带来的销售收入的能力，显示了投入资本在创造收益过程中的周转速度。

$$投入资本周转率 ＝ 营业收入 ÷ 平均投入资本$$

其中，

$$平均投入资本 ＝ （期初投入资本 ＋ 期末投入资本）÷ 2$$

投入资本通常涵盖股东权益与有息负债，即股本、资本公积、留存收益以及银行借款、应付债券等。

例 5-8

假设某企业 2024 年营业收入为 1 500 万元，期初投入资本为 800 万元（其中股本 300 万元、资本公积 200 万元、未分配利润 200 万元、借款合计 100 万元），期末投入资本为 1 000 万元（股本 350 万元、资本公积 250 万元、未分配利润 300 万元、借款合计 100 万元）。

$$平均投入资本 ＝ （800 ＋ 1 000）÷ 2 ＝ 900（万元）$$

$$投入资本周转率 ＝ 1 500 ÷ 900 ≈ 1.67（次）$$

投入资本周转率越高，表明企业每投入 1 元资本所能带来的销售收入越多，资本利用效率越高，意味着企业能够以较少的资本投入获取更大的经营成果。

营运资本需求周转率

营运资本需求周转率用于评估出资人的钱投入企业日常营运的利用效率，反映了营运资本在企业日常经营活动中的周转快慢。营运资本需求周转率越高，说明企业投入日常营运的资本的周转速度越快，每单位营运资本所创造的营业收入越多。同样营收规模的情况下，需要出资人投入越少的营运资金，企业为出资人创造价值的能力越强。

$$营运资本需求周转率 ＝ 营业收入 ÷ 平均营运资本需求$$

其中，

$$平均营运资本 ＝ （期初营运资本 ＋ 期末营运资本）÷ 2$$

例 5-9

某企业 2024 年营业收入为 1 200 万元，期初流动性资产为 600 万元，期初流动性负债为 300 万元，则期初营运资本需求 ＝ 600 － 300 ＝ 300（万元）；期末流动性资产为 700 万元，期末流动性负债为 400 万元，期末营运资本需求＝700－400＝300（万元）。

$$平均营运资本需求＝（300＋300）÷2＝300（万元）$$
$$营运资本需求周转率＝1200÷300＝4（次）$$

3. 营运资本需求周转率的管理启示

我们将营运资本需求周转进行深度分解，会发现有趣的管理问题。

营运资本需求是由企业流动性资产和流动性负债的差额计算出来的。那么在企业营收规模不变的情况下，营运资本需求周转率的变化就是流动性资产和流动性负债变化的结果。

如果企业营运资本利用效率下降，也就是营运资本需求周转率下降，对管理者而言意味着什么？可能的原因就来自两个要素：流动性资产的增加或流动性负债的减少。流动性资产的增加主要来源于存货的增加、应收款的增加，这可能意味着企业对下游（客户或经销商）的议价能力在下降。而流动性负债的减少主要来源于预收款或应付款的减少，应付款的减少可能意味着企业对上游供应商的议价能力在下降，预收款的减少意味着对客户的吸引力下降。无论是对上游还是下游的议价能力下降，都反映企业的市场竞争力下滑。

本章思考题

1. 简述财务视角评价企业经营能力包含哪些关键内容。

2. 请列举三个重要的财务比率，并说明其在财务分析中的作用。

3. 传统流动性评价方法中的流动比率是如何计算的？它衡量企业哪方面的能力？

4. 多指标综合评价法相较于传统流动性评价方法有哪些优势？举例说明。

5. 常见的获利能力评价比率中，ROIC 反映了企业怎样的经营状况？

6. 在获利能力单比率分析中，如何通过净资产收益率（ROE）判断企业的投资回报率？

7. 现金使用效率分析中，怎样衡量企业现金周转的快慢？列举一个相关指标并解释。

第6章

增长管理

20世纪90年代，中国白酒市场蓬勃发展，秦池酒厂身处其中，野心勃勃寻求突破。1995年，秦池以6 666万元的天价竞得央视广告标王，这一豪举瞬间让秦池酒声名大噪。在那个信息传播渠道相对有限的年代，央视的超高曝光度如同给秦池插上了腾飞的翅膀。中标后的秦池，订单如雪片般飞来，各地经销商也纷至沓来。企业开足马力生产，销售额呈现爆发式增长，从一家名不见经传的地方酒厂，一跃成为全国瞩目的白酒新贵。1996年，凭借标王带来的巨大影响力，秦池销售额高达9.8亿元，利税2.2亿元，相较于之前，业绩实现了数倍增长，企业规模急剧扩张，生产线不断增加，员工数量也大幅上升。

然而，极速成长背后却暗藏危机。为满足市场激增的需求，秦池选择大量收购原酒进行勾兑。1997年，媒体曝光此事，舆论一片哗然，消费者对秦池酒的品质产生严重质疑，品牌形象瞬间崩塌，市场信任度一落千丈。此后，秦池酒销量锐减，经销商纷纷退货，资金回笼困难。但企业前期因大规模扩产、广告投入等已背负沉重资金压力，资金链迅速断裂。①

---

① 资源来源于：张忠.标王为何衰亡？——本刊独家披露秦池落败内幕[J].北京经济了望,2000（1）: 4-21.

本章学习目标

- 了解企业成长阶段理论的各个发展阶段特征。
- 掌握企业成长资源依赖理论的核心要点。
- 学会运用财务预测思路规划企业资金需求。
- 理解外部融资需求的影响因素与计算方法。
- 明晰内部增长率对企业成长的意义及计算原理。
- 领会可持续增长的内涵、路径及增长管理策略。

6.1 企业成长理论

本章聚焦于企业增长管理，在全球经济不确定加剧，成长性破产事件频出的环境下，如何能够让企业实现可持续、高质量的增长显得尤为重要。企业管理者既要了解企业成长的基本规律，也要理解资本市场对企业成长的评价逻辑，这样才能帮助企业实现持续的价值创造。

6.1.1 企业成长决定因素

1. 亚当·斯密的分工逻辑

企业成长理论的萌芽来自 200 年前的古典经济学。最早在著述中涉及企业成长思想的当属古典政治经济学的开创者亚当·斯密。亚当·斯密在他的经济学巨著《国富论》（1776）中，第一章开篇第一句写道："劳动生产力上最大的增进，以及运用劳动时所表现的更大的熟练技巧和判断力，似乎都是分工的结果。"

《国富论》把企业的成长解释为社会分工和由此产生的规模经济。分工在提高每个个体的生产能力的同时也降低了单位成本，企业的成长与分工的程度正相关。同时，由于分工存在自我扩张倾向，即分工的参与者相比其他主体更加依赖其他分工者，因此会自动强化分工过程。亚当·斯密认为，专业化和分工协作所带来的报酬递增现象，是市场中一只看不见的手的作用，使企业的形成及扩张变得可能。

虽然亚当·斯密的理论没有直接具体地给出企业形成和扩张的原因，但正是因为有了分工，才使得每个人不是各自为营地生产和交易，而是将生产过程分割成若干的工序和工种，由工人在企业中"集中地"分工作业，这样既"提高了每个工人的灵巧性""发明了许多方便和节省劳动的机器"，同时也"节约了更换活计时通常会损失的时间"，提高了生产效率和交易效率。

> **生产规模的扩大，引起规模报酬递增，最终实现企业的成长。**

2. 约翰·穆勒的企业资本逻辑

古典政治经济学集大成者约翰·穆勒（John Stuart Mill），在其著作《政治经济学原理》中继承了斯密的劳动分工理论，并且从节约生产成本的角度论述了大规模生产的好处。他除了关注分工和规模经济外，还引入了一个非常重要的概念——企业资本。他认为，劳动者的联合需要用足够的资本启动和维持，企业资本量的大小决定着企业规模和成长。

穆勒认为企业是劳动联合和分工的结果，劳动者的联合需要足够的资本来供养，分工的专业化也会因为"采用需要配备昂贵机器的生产工艺"而需要大笔的资本，故企业资本量的大小决定着企业规模的大小。

> **企业通过机器等固定资本的增加代替流动资本的增加，从而节约完成全部业务活动所需的劳动量，提高了劳动生产率。**

3. 马歇尔的规模经济逻辑

古典经济学家阿尔弗雷德·马歇尔（Alfred Marshall）在他的《经济学原理》中第一次用"规模经济"（economics of scale）的概念来说明报酬递增的现象。企业通过扩大其不动产获得新的大规模经济，以较低的成本增加产量，进而使得报酬递增。他将规模经济归结为外部经济和内部经济两类。外部经济给企业成长提供了足够的市场空间，内部良好的管理给企业带来了利润。在企业成长这个问题上，马歇尔是规模经济决定论的积极倡导者。在马歇尔看来，企业要想成长为大规模的经济组织，需要内部经济和外部经济同时具备，这才是企业成长的源泉。

企业能不能享受到外部经济，取决于企业是否有强大的销售能力。然而"在大规模生产的具有头等重要性的那些行业中，大多数行业的销路是困难的。所以，在生产这些东西的工业中，没有能够保持它自己的地位"，未能实现企业持续成长。他进而明确指出，"极有组织的采购和销售的经济，是实现在同一行业中许多企业合并成为一个大的联合组织的倾向的主要原因"。

> 企业有可能达到非常大的规模，甚至可以持续成长以至形成行业垄断。但现实中更大的可能是，企业将会随着成长后的规模越来越大，失去灵活性从而竞争力下降。

4. 彭罗斯的内因推动成长逻辑

伊迪丝·彭罗斯（Edith T.Penrose）在其 1959 年出版的重要著作《企业成长理论》中，首次以"管理能力"的供给为分析框架系统地阐述企业成长问题。她强调管理对于企业成长的作用，而基本不考虑大量的外在因素。彭罗斯理论的核心概念是"成长经济"，她主张以"成长经济"理论代替传统的"规模经济"理论。所谓"成长经济"，就是指有利于企业向特定方向扩张的、各个企业可能享受到的内部经济。彭罗斯认为，企业内在因素决定企业成长，企业是在特定管理框架之内的一组资源的组合，企业成长是企业有效地协调其资源和管理职能的结果。"企业的成长则主要取决于能否更为有效地利用现有资源。"

彭罗斯注意到由于资源的不可分割性、资源间的不平衡性以及管理者理性和能力有限性等原因，企业总是存在着未被利用的资源。这些闲置的资源可以被进一步开发和利用，进而推动企业成长。不同于传统"规模经济"论单纯从物质资源纯生产及经济性角度来研究企业成长的方法，彭罗斯主张视企业成长为一个不断地挖掘可用资源的管理过程，认为管理资源是企业成长的源泉。

每个企业都有各种各样的资源，存在着资源的各种搭配用于内部各项活动的协调。企业还是一个生产性资源的结合体，企业主通过决策来决定在何时及如何利用这些资源。彭罗斯认为，企业使用自己拥有的生产资源所产生的服务是企业成长的原动力，企业的成长并非由市场的均衡力量所决定，而是由每个企业自身的独特力量（即由使用资源所产生的服务或能力）所推动。

彭罗斯认为"服务"又可分为"企业家服务"和"管理服务"两个相对照的部分。前者用来发现和利用生产机会，后者用来完善和实施扩张计划，它们都是企业成长不可或缺的。不过在某种意义上，企业家服务对成长的动机和方向影响更深远，企业家管理是企业持续成长的必要条件。

> 真正限制企业扩张的因素来自企业的管理服务。管理服务的实践可以产生新的知识，而知识的增加又会导致管理力量的增长，从而推动企业的成长。

5. 彼得·德鲁克的经营成长逻辑

彼得·德鲁克（Peter Drucker）指出，企业对成长机会的把握取决于内部的成长准备。企业成长能力的关键在于本身有成长潜力的人为组织。企业管理阶层不能只抱着对成长的希望和承诺，必须有一个切实合理的目标和一套相应的成长战略。他认为，一家企业所能成长的程度完全由其员工所能成长的程度决定，而经营成长的控制性因素是企业最高管理层。经营成长是企业最高管理层所面临的挑战性任务，需要最高管理层进行谋划和组织。

最高管理层必须从思想到行动做好不断改变的准备，不断保持和加强企业的创业精神与创新精神。德鲁克认为，企业成长和员工成长是一致的，更强调企业与人的天人合一、协调发展，这是企业成长理论的较高境界。

6. 艾尔弗雷德·钱德勒的技术逻辑

经济史学家艾尔弗雷德·钱德勒（Alfred D.Chandler）认为，支撑现代工商企业诞生并成长的是一只"看得见的手"，即由经理阶层和相应的组织结构组成的企业管理协调机制（Chandler，1977）。他认为，现代工商企业成长的历史也就是管理层级制形成的历史，并且后者"一旦形成并有效地实现了它的协调功能后，层级制本身也就变成了持久性、权力和持续成长的源泉"。一方面，管理层级减弱了企业受个人变故造成的经营中断的威胁，打下了企业持续稳定的基础；另一方面，职业经理出于自身职业生涯的考虑，将自觉抵制损害公司持续发展的短期行为，宁愿选择能促使企业长期稳定和成长的政策。因此，他们要维持企业组织被充分利用和确保作为创造利润机构的企业获得成长的愿望，就成为推动企业成长的强大力量。

钱德勒指出管理协调的"看得见的手"比亚当·密所谓的市场协调的"看不见的手"能够更加有效地促进经济的发展和增加资本家的竞争能力。现代工商企业的成长是适应技术革新和市场扩大形势而在管理机构方面的反映。他认为技术的发展和市场的扩大是企业成长的根本，它引起企业生产和分配领域的根本性变化，而"现有的需求和技术将创造出管理协调的需要和机会"。

6.1.2　企业成长阶段论

企业成长阶段是指企业在其生命周期中经历的不同发展阶段，每个阶段具有特定的特征、挑战和管理需求。企业成长阶段的划分有助于管理者识别企业所处的发展水平，帮助企业采取更有效的管理措施，更好地规划资源分配、优化组织结构、制定战略目标以促进持续发展。有很多学者对企业成长阶段进行了讨论，常见的有三阶段论将企业成长分为创业期、成长期和成熟期，四阶段论则在三阶段基础上增加了衰退期，强调企业在成熟后可能面临市场和内部问题导致的业绩下滑，管理上需进行战略重组和业务调整以恢复增长。五阶段论进一步细化，包括创业期、存活期、成功期、起飞期和成熟期。多阶段论则认为企业成长是一个连续且复杂的过程，包含多个子阶段，每个子阶段都有其独特的管理任务和挑战，强调企业成长的非线性和动态性，管理上需持续适应和调整。

企业成长是一个复杂而动态的过程，不同的成长阶段划分方法为我们提供了多维度的视角来理解企业成长的规律。这些讨论有助于管理者准确判断企业所处的成长阶段，为其制定科学决策提供理论支持和实践指导。

1. 三阶段论

Chandler（1962）将企业成长划分为三个阶段。第一阶段是创业初期，此时企业家如同企业的灵魂，聚集生产资源以发展企业，其进行的重要决策对企业有着极大的影响力，企业的发展方向和命运在很大程度上取决于企业家的智慧和眼光；充分发挥企业家领导力的引领作用，为企业奠定坚实的基础。第二阶段，企业开始注重资源分配过程，追求更加高效的运营，通过增加产品线，积极拓展市场，试图在市场中占据更大的份额；第二阶段资源的优化配置成为关键，企业要深入分析市场需求和自身优势，合理分配资源，加强市场拓展能力，以实现规模的快速增长。第三阶段则是分权的多部门企业，企业规模不断扩大，业务日益复杂，需要通过分权管理来提高运营效率和灵活性。到了分权阶段，企业面临着管理模式的重大转变，需建立有效的分权管理体系，明确各部门的职责和权限，同时加强沟通协调机制，确保各部门能够协同运作，避免出现各自为政、效率低下的情况。

Scott（1963）也将企业成长划分为三个阶段，第一阶段是单一产品阶段，企业结构简单，很少有正式结构，企业家全面控制领导，企业的发展主要依赖企业家的个人能力和经验。第二阶段强调职能分工，随着企业业务的发展，开始出现专业化的职能分工，如生产、销售、财务等部门逐渐形成；企业需建立专业化的职能部门，培养专业人才，提升各部门的运营效率和专业能力，使企业运营更加规范化和科学化。第三阶段是产品多元化阶段，企业已经拥有许多产品线，根据产品类别或市场来分工，结构化程度显著提高，企业的管理和运营也变得更加复杂。产品多元化阶段，企业面临着跨产品线管理和资源整合的挑战，要注重不同产品线之间的协同效应，优化资源配置，以适应复杂的业务结构，同时要加强对市场的细分和研究，确保各产品线能够满足不同客户群体的需求。

2. 四阶段论

Steinmetz（1969）将企业成长分为直接控制、指挥管理、间接控制及部门化组织四阶段。在直接控制阶段，企业规模较小，企业主直接掌控企业的各项事务，需要建立基本的管理秩序和流程，确保企业的正常运转；企业家应注重建立简洁高效的管理秩序和流程。进入指挥管理阶段，企业规模逐渐扩大，引入管理者，开始进行授权，企业家逐渐从具体事务中抽身，转向战略层面的指挥和管理；这时要重视管理者的培养和选拔，逐步下放权力，同时要建立有效的监督和反馈机制，确保授权的有效性。间接控制阶段，企业进一步发展，需要完善内部控制体系，确保信息在企业内部的流通顺畅，以便及时发现和解决问题；企业要加强内部控制体系建设，完善信息管理系统，提高信息的准确性和及时性。部门化组织阶段，企业的组织结构更加复杂，强调部门间的协作与整合，通过优化组织架构，提高企业的整体运营效率，提升企业的整体绩效。

Quinn（1983）的四阶段论独具特色。他按照管理风格和组织结构的不同把企业发展分为创业阶段、集体化阶段、规范化阶段、精细化阶段四阶段。创业阶段，企业充满活力和创新精神，鼓励创新和冒险精神，快速响应市场变化，以抓住市场机遇；集体化阶段，企业员工数量增加，团队协作变得重要，要加强团队建设和文化培育，凝聚员工力量，形成共同的价值观和目标；规范化阶段，企业规模进一步扩大，业务流程日益复杂，需要建立健全规章制度和流程，提升管理的规范性和稳定性，确保企业的高效运营；精细化阶段，企业在市场中已经占据一定地位，注重细节管理和持续改进，追求卓越运营，通过不断优化产品和服务，提高客户满意度和企业竞争力。

3. 五阶段论

Canon（1968）以销售收入和管理复杂性为标准将成长阶段划分为企业家阶段、职能发展阶段、分析阶段、增加参谋阶段和再集权阶段。企业家阶段，企业主要依赖企业家的洞察力和决策力，企业家的眼光和魄力决定了企业的发展方向；职能发展阶段，随着企业业务的发展，需要合理规划职能部门，提升专业能力，以支持企业的运营和发展；分析阶段，企业面临的问题和决策更加复杂，需要加强数据分析和决策支持系统建设，为企业决策提供科学依据；增加参谋阶段，企业规模扩大，管理层次增加，需要增加参谋人员，但要注意平衡参谋与直线的关系，避免过度官僚化，影响企业的决策效率和灵活性；再集权阶段，在 IT 技术进步、咨询业发展的情况下，企业可以借助技术手段优化集权管理，提高决策效率，同时要注意集权与分权的平衡，确保企业的高效运营。

Greiner（1972）以企业年龄、企业规模、演变的时间、改革的时间、行业成长率五种标准将成长阶段划分为靠创造力而成长、靠指挥而成长、靠授权而成长、靠协调而成长、靠合作而成长五阶段。在创造力成长阶段，企业鼓励创新文化，激发员工创造力，通过创新产品或服务来开拓市场；指挥成长阶段，企业建立明确的指挥链和目标体系，确保企业的各项工作能够有序进行；授权成长阶段，企业规模扩大，管理者需要合理授权，培养员工自主性，提高员工的工作积极性和创造力；协调成长阶段，企业内部部门增多，业务复杂，需要加强跨部门沟通与协调，解决冲突，提高企业的整体运营效率；合作成长阶段，企业要构建外部合作网络，实现资源共享与协同发展，通过与供应商、客户、合作伙伴等的合作，提升企业的竞争力和市场影响力。

Churchill 和 Lewis（1983）从企业规模和管理因素维度提出更为细化的五阶段成长模型，包括创立阶段、生存阶段、起飞阶段、发展阶段、成熟阶段。创立阶段，企业刚刚起步，重点是明确市场定位和商业模式，寻找适合企业发展的道路；生存阶段，企业面临着激烈的市场竞争和资金压力，要严控成本，确保现金流稳定，以维持企业的生存；起飞阶段，企业逐渐在市场中站稳脚跟，要抓住市场机遇，加速扩张，扩大市场份额；发展阶段，企业规模不断扩大，业务多元化，要注重多元化发展和风险管理，确保企业的稳健发展；成熟阶段，企业在市场中已经占据一定地位，但也面临着市场饱和、竞争加剧等问题，要创新商业模式，寻找新的增长点，防止企业衰退，实现企业的可持续发展。

4. 多阶段论

Adizes（1989）把企业的成长过程划分为成长和老化两大阶段共 10 个时期，其中成长阶段从孕育期开始，经历婴儿期、学步期、青春期、盛年期，直到稳定期。在孕育期，企业处于创意和概念阶段，要做好市场调研和商业计划，为企业的诞生做好准备；婴儿期，企业刚刚成立，要确保资金供应和产品质量，解决生存问题；学步期，企业开始快速发展，但要控制扩张节奏，避免盲目多元化，以免导致企业陷入困境；青春期，企业面临着管理模式的转变，要处理好集权与分权的矛盾，建立科学的管理体系；盛年期，企业发展达到鼎盛时期，要巩固优势，持续创新，为企业的长期发展注入动力。企业的老化阶段一般要经历贵族期、官僚化早期、官僚期，然后进入凋亡。贵族期，企业开始变得保守，追求安逸，失去创新精神；官僚化早期，企业内部官僚主义盛行，决策效率低下；官僚期，企业陷入僵化，逐渐失去市场竞争力，最终走向凋亡。

6.2   企业成长与资金需求

6.2.1   财务预测思路

企业财务预测是指企业运用一定的方法和技术，对未来一定时期内的财务状况、经营成果及现金流量等进行科学的预计和测算。它是企业财务管理的重要组成部分，为企业决策提供关键的财务信息支持。财务预测的起点是对销售收入的预测，因为当前销售水平已知，所以其实质是对销售收入未来增长率的预测。

对企业销售收入未来增长率的预测主要有两种截然不同的思路。

1. 基于企业内部能力的思路

根据企业现在掌握的资源（如资金、设备、技术、人才等）和能力（如生产能力、管理能力、创新能力等）来预测未来可能实现的销售增长。例如，一家制造企业会考量现有的生产线产能、技术研发团队实力等因素，以此为基础预估未来销售收入的增长幅度。此时管理者把增长看成内生变量，它受到企业内部各生产要素的影响和制约。企业需深入分析这些要素的现状及潜力，以企业当前的财务状况（如资产负债表、利润表等反映的信息）以及未来可能获得的财务资源（如预期的融资、盈利留存等）为基础，综合判断企业可承受的增长速度。

基于企业内部能力的销售增长预测思路重点分析企业现有资源（如资金、设备等）和能力（生产、管理等），以及财务状况和未来可获得的财务资源，能深入了解企业自身优势与不足，预测相对稳定，受外部波动影响小。但容易忽视外部环境变化，可能导致企业过于保守，错过外部机遇。

2. 基于企业外部环境的思路

外部思路着重从市场分析（包括市场规模、市场增长率、消费者需求变化等）、行业分析（行业发展趋势、行业竞争格局、行业政策等）和竞争分析（竞争对手的优势与劣势、市场份额变化等）的角度来预测企业未来可能实现的增长。

> **以市场需求为基础，把增长看成外生变量，即企业的增长很大程度上受外部市场环境的驱动和限制。**

比如，通过对市场调研数据的分析，了解某类产品的市场需求增长趋势，从而预估企业在该市场中的增长空间。在确定了企业未来可能的增长以后，再考虑如何获得支持这一增长所需的资源和条件。例如，若预测到市场需求将大幅增长，企业需提前规划资金筹集、设备采购、人员招聘等事宜，以确保有足够的资源来支撑增长。

基于外部环境的销售增长预测思路着眼于市场、行业及竞争等外部因素，把增长看作外生变量，受外部环境驱动，着重研究市场规模、增长率、消费者需求、行业趋势、竞争格局等外部信息。这种思路好处是紧跟市场动态，能及时捕捉外部机会，使企业具有前瞻性，适应市场变化能力强。但是外部环境预测难度大且复杂多变，可能导致企业盲目跟随市场，忽视自身实际能力和资源限制，容易因追求扩张而出现流动性危机。

6.2.2　基于财务报表的外部融资需求

企业外部融资需求（added financing needs，AFN）的预测是成长管理的关键环节，它是基于企业总的资金需求与内部融资能力的对比测算的结果，主要取决于企业对未来销售增长的预测。销售的增长带动企业管理资产负债表中各项资本投资需求的变化，以及利润表中的利润及留存收益的变化，这些变化最终决定了企业当年需要补充多少外部融资。

前面提到，公司的投资包括现金及现金等价物（例如有价证券）、营运资本需求（公司在营业周期内的净投资额）和固定资产。公司需要为这些投资的增长筹集资金，当然任何一项投资减少都成为资金的一个来源。

> **资金需求＝Δ现金＋ΔWCR＋Δ固定资产**

现金及现金等价物变动（Δ现金）：企业可能因业务拓展、收款周期变化等因素导致现金及现金等价物的增减。例如，企业计划扩大销售规模，可能需要增加现金储备以应对原材料采购等支出，或者因优化收款流程而减少现金占用。

营运资本需求变动（ΔWCR）：营运资本需求反映了企业在营业周期内的净投资情况，比如，企业预计销售量增加，会导致存货和应收账款相应增加，同时若能与供应商协商延长付款期限，应付账款也会增加，这些因素共同影响营运资本需求的变动。

固定资产变动（Δ固定资产）：包括新的资本支出（如购置新设备、建设新厂房等）以及现有固定资产出售（如处置闲置设备）所产生的现金流入。例如，企业为提高生产效率，计划购置新的生产线，这将增加固定资产；而若出售部分老旧设备，则会减少固定资产的净增加额。

企业内部融资主要来自留存收益和折旧费。留存收益是企业净利润中未分配给股东的部分，它是企业内部积累的资金来源之一。折旧费虽然在计算净利润时作为费用扣除，但实际上并未导致现金流出，因此也可视为内部资金的一部分。

内生资金＝留存收益＋折旧费

外部资金需求＝（Δ现金＋Δ营运资本需求＋Δ固定资产）－

（留存收益＋折旧费）

例 6-1

表 6-1 列示了 X 公司相关财务数据，2025 年预计的净利润为 80 万元，计划股利分配为 30 万元，请测算 X 公司 2025 年需要的外部融资额。

表 6-1　X 公司相关财务数据　　　　单位：元

项目	2024 年年末	2025 年年末（预计）
现金	500 000	300 000
存货	800 000	1 200 000
应收账款	600 000	800 000
预付账款	100 000	150 000
应付账款	400 000	500 000
应计费用	200 000	250 000
固定资产原价值	2 000 000	2 500 000
累计折旧	500 000	600 000

资金需求计算

$$\Delta 现金 = 300\,000 - 500\,000 = -200\,000（元）（现金减少）$$

$$\Delta WCR = (400\,000 + 200\,000 + 50\,000) - (100\,000 + 50\,000) = 500\,000（元）$$

$$存货变动 = 1\,200\,000 - 800\,000 = 400\,000（元）（增加）$$

$$应收账款变动 = 800\,000 - 600\,000 = 200\,000（元）（增加）$$

$$预付账款变动 = 150\,000 - 100\,000 = 50\,000（元）（增加）$$

$$应付账款变动 = 500\,000 - 400\,000 = 100\,000（元）（增加）$$

$$应计费用变动 = 250\,000 - 200\,000 = 50\,000（元）（增加）$$

$$\Delta 固定资产 = 500\,000 - 100\,000 = 400\,000（元）$$

$$固定资产原值增加 2\,500\,000 - 2\,000\,000 = 500\,000（元）$$

$$累计折旧增加 600\,000 - 500\,000 = 100\,000（元）$$

$$总资金需求 = \Delta 现金 + \Delta 营运资本需求 + \Delta 固定资产$$

$$= -200\,000 + 500\,000 + 400\,000 = 700\,000（元）$$

内部融资计算

$$留存收益 = 净利润 - 股利分配 = 800\,000 - 300\,000 = 500\,000（元）$$

$$折旧费增加 = 600\,000 - 500\,000 = 100\,000（元）$$

$$内生资金 = 留存收益 + 折旧费 = 500\,000 + 100\,000 = 600\,000（元）$$

外部融资需求计算

外部资金需求 ＝ 资金需求 － 内生资金 ＝ 700 000 － 600 000 ＝ 100 000（元）

6.2.3　基于销售增长的外部融资需求预测

在进行财务预测和规划时，我们需要对一些关键的财务变量做出基本的假设，以便于我们能够构建出一个合理的财务模型。以下是对三个关键财务变量所做出的基本假设：

我们假设资产需要率（即资产与销售额的比率，表示为 A/S）保持不变。这意味着在预测期间，企业每单位销售额所需的资产量将维持在当前水平。

假设销售净利润率（表示为 $M = \mathrm{EAT}/S$，其中 M 是销售净利润率，EAT 是税后利润，S 是销售额）保持不变。这表明在预测期间，企业每单位销售额所能够产生的净利润将保持稳定。

假设股利支付率（表示为 $d = 1 - R$，其中 d 是股利支付率，R 是留存收益比率）保持不变。这意味着企业将按照一个固定的比率来分配其税后利润，一部分作为股利支付给股东，另一部分作为保留盈余用于内部融资。

在这些假设的基础上，我们可以进一步进行财务分析。假设当前的销售水平为 S，销售的增长率为 g，那么我们可以计算出对应的资产增量。

$$资产增量 = (A/S) \times g \times S$$

根据这些假设，我们可以预测下一年度企业可实现的税后利润。

$$下年预计可实现的税后利润 = M \times (1+g) \times S$$

在扣除股利支付部分后，我们可以得到预计的内部融资额。

$$保留盈余 = M \times (1+g) \times S \times (1-d)$$

最后，我们可以计算出追加的外部融资需求（AFN）。

$$\mathrm{AFN} = (A/S) \times g \times S - M \times (1+g) \times S \times (1-d)$$

基于上面这个公式，企业外部融资需求的大小主要取决于企业的三大决策，包括经营决策、分配决策和增长决策。如前面的假设，如果企业维持经营和分配政策不变，那么企业每年的外部融资需求就取决于企业想要增长多快。

例 6-2

T 公司是一家专注于开发和销售先进软件解决方案的企业。基于公司的战略规划和当前的盈利能力，公司对未来的外部融资需求进行测算。相关财务数据如下。当前销售收入为人民币 1 000 万元，公司希望明年实现销售增长率 20%。目前公司的资产总额 2 500 万元，税后利润率为 10%，去年分红比率为 40%。公司需要了解明年的外部融资需求。

计算资产增量：

$$资产增量 = (A/S) \times g \times S$$
$$= (2\,500\,/\,1\,000) \times 20\% \times 1\,000 = 500（万元）$$

预测下一年度税后利润：

下年预计可实现的税后利润 $= M \times (1+g) \times S$
$$= 10\% \times (1+20\%) \times 1\,000 = 120（万元）$$

计算预计的内部融资额（保留盈余）：

$$保留盈余 = M \times (1+g) \times S \times (1-d)$$
$$= 120 \times (1-40\%) = 72（万元）$$

计算追加的外部融资需求（AFN）：

$$AFN = (A/S) \times g \times S - M \times (1+g) \times S \times (1-d)$$
$$= 500（万元）- 72（万元）= 428（万元）$$

基于上述计算，T 公司为了满足 20% 的销售增长，需要额外的外部融资人民币 428 万元。

企业外部融资需求的大小主要取决于经营决策、分配决策和增长决策。在本例中，假设企业维持经营和分配政策不变，因此外部融资需求主要取决于企业的增长速度。

6.3 可持续增长的财务逻辑

理解了企业财务预测的思路和外部融资需求预测的逻辑，我们来思考一个问题。

> 一个企业不进行外部融资，完全靠自己的权益积累能增长多快？这种增长可持续吗？

6.3.1 企业内部增长能力

1. 内部增长能力的含义

企业内部增长能力是指企业在现有资源和能力的基础上，通过内部创新、优化管理、提高效率等方式实现自我发展和扩张的能力。企业内部增长是依赖内源融资驱动的增长，即企业通过自身积累的资金实现扩张。这种增长模式虽然能够稳步前行，但随着时间的推移，其增速往往会逐渐放缓，最终可能面临发展瓶颈。在此过程中，可能导致企业负债率持续降低，资产结构逐渐趋于保守。虽然这种"资产做实"的现象常被企业家或管理者视为稳健经营的体现，但实则蕴含潜在风险。

2. 内部增长能力的测算

假设外部融资需求 AFN 是已知的，相应的销售增长率可以通过特定的公式来计算，即

$$g \times = [\text{AFN}/(S + M(1-d))]/[(A/S) - M(1-d)]$$

其中，S 代表当前的销售额；M 代表企业的边际利润率；d 代表企业的股利支付率；A/S 则表示企业的资产运用效率，即总资产与销售额的比率；销售增长率 $g \times$ 实际上代表了在不增加外部融资的情况下，企业能够实现的销售增长的理论最大值。

内部增长率（internal growth rate，IGR）是一个在企业财务规划中非常重要的概念。它描述的是企业在不依赖外部融资，即假设 AFN 为零的情况下，仅通过内部留存收益所能支持的销售增长率的理论上限。

内部增长率的计算公式为

$$\text{IGR} = M(1-d)/[(A/S) - M(1-d)]$$

通过这个公式，我们可以看出，内部增长率 IGR 受到企业边际利润率 M、股利支付率 d 以及资产运用效率 A/S 的影响。

6.3.2 企业可持续增长能力

追求成长是企业的本能，但在长大的过程中，很少有企业能维持长期持续的增长。上节学习的内部增长率可持续吗？答案是不能。

资产结构的过度保守可能削弱企业的融资能力和市场吸引力。资产过于"实在"，即缺乏足够的融资灵活性，可能使企业在面对市场机遇或挑战时显得力不从心。此外，负债率非常低的企业往往意味着具有良好的债务融资能力，还可能成为企业被收购的诱因。

因为内部增长的资金来源依赖于企业留存收益的再投资，这导致企业权益资本的累积。权益资本增加的同时债务资本没有相应的增加会降低企业的财务杠杆，即负债率会持续下降。虽然较低的负债率可以降低财务风险，但过度依赖内部融资可能会限制企业的投资机会和增长潜力。在市场竞争的情况下，可能成为被"大鱼"吃掉的"小鱼"。

随着权益资本占比的增加，企业的资本成本可能会上升。权益资本的成本通常高于债务资本的成本，因为股东要求更高的回报率以补偿其承担的高风险。因此，企业权益资本的不断增加可能会导致加权平均资本成本（WACC）的上升，进而影响企业的整体价值。

1. 可持续增长的内涵

可持续增长率（sustainable growth rate，SGR）是指企业在保持资本结构不变和不发新股的前提下，能够实现的销售收入增长率的理论上限。是衡量企业长期增长潜力的一个重要指标。

在假设企业的资产运用效率（A/S）、盈利能力（M）、股利政策（d）不变的基础上，进一步假设企业不增发新股，即不进行新的权益资本融资。做出这一假设的理由是新发股票对资本市场提出了较高的要求，这对于许多企业来讲是困难的，甚至是不可行的。即使对于那些有能力募集新股的企业来讲，增发新股也往往对投资者来说缺乏吸引力。假设企业的资本结构不变，可以简化理解为维持企业的负债率不变，这个假设实质上是维持企业对外债务融资能力不变。

$$\text{SGR} = (1-d)\text{ROE}/[1-(1-d)\text{ROE}]$$

在实践中，$(1-d)$ROE 远远小于 1，所以 SGR 的计算公式可以简化为

$$\text{SGR} = (1-d)\text{ROE}$$

这就是出现在大多数财务教科书中的可持续增长率计算公式，不过它只是一个简化公式。这个简化公式经常被改写成另一形式：

$$\text{SGR} = 留存收益/所有者权益（期初）$$

可持续增长率 SGR 是假设销售净利润率 M、资产运用效率 T、财务杠杆 L、股利政策（留存比率 R）不变以及不增发新股时，企业可以实现的销售增长率的理论上限。上述条件的限制不禁止企业适当增加债务，只要新增债务的增加不改变现有的负债率即可。

2. 可持续增长的管理启示

根据第 5 章的获利能力的多要素分解法，ROE 可以分解为三个因素销售净利润率、总资产周转率和权益乘数的乘积，即

$$\text{ROE} = M \times T \times L$$

留存比率 $R = 1-d$，则 SGR 可以表示为下列 4 个因素的乘积：

$$\text{SGR} = M \times T \times L \times R$$

可以从以下 3 个方面理解可持续增长率的管理启示：

第一，决定 SGR 的因素可以分成两类，一类是经营绩效因素，即公式中的 M 和 T，它们分别反映了企业的获利能力和资产运用效率；另一类是财务政策因素，即公式中的 L 和 R，它们分别反映了企业的负债政策和股利政策。

第二，企业实际的销售增长率与可持续增长率之间的差异反映了企业资金运用的平衡程度，即：如果实际增长率大于 SGR，说明增长过快，企业将处于现金短缺状态；如果实际增长率小于 SGR，说明增长不足，企业将处于现金过剩状态。

第三，对于任何一个企业，暂时的现金短缺或现金过剩并不会造成多大的负面影响。例如，如果增长过快导致现金短缺，企业可以通过增加外部融资（包括发行股票和多次举债）来突破 SGR 规定的理论上限。但是，长期增长过快或增长不足则可能导致危机的出现。因此，增长的管理具有重要的意义。

6.3.3　企业均衡增长的管理

企业增长是企业发展的核心目标之一，然而，增长并非越快越好，也并非越慢越好，实现均衡增长才是企业追求的理想状态。

1. 均衡增长的内涵

均衡增长是指企业的实际增长率与可持续增长率相匹配，要求企业在发展过程中，充分考虑自身的财务资源和经营能力，确保增长速度与企业的内在支撑相协调。当企业实现均衡增长时，其财务资源能够得到有效利用，既不会因增长过快而面临资金短缺、财务风险加大等问题，也不会因增长过慢而导致财务资源闲置，无法为股东创造更多财富。

可持续增长率（SGR）受到企业经营业绩（如销售净利率 M、总资产周转率 T、权益乘数等）以及财务政策（如股利支付率、留存比率、财务杠杆等）的综合影响。企业增长管理的实质便是通过对企业实际销售增长率与可持续增长率的比较，实现企业经营决策、财务政策和增长目标的平衡，这对于企业的长期稳定发展具有至关重要的意义。

如何实现均衡增长？从图 6-1 来看，确保实际增长率与可持续增长率趋于一致是确保企业稳健增长的关键，这样的状态可视为相对安全与合理的。为实现这一目标，企业可采取两种策略：一是降低实际增长率，这通常意味着减少新业务承接或降低经营杠杆，类似于在必要时拒绝部分订单以控制规模；二是提升可持续增长率，通过增强企业的可持续运营能力来实现。

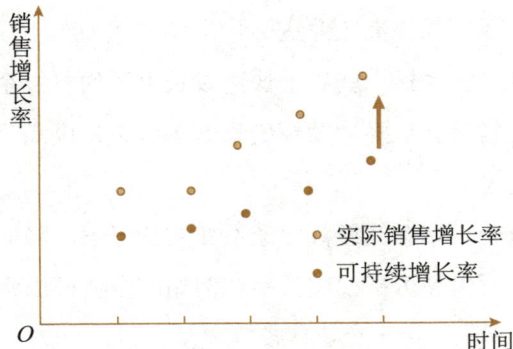

图 6-1　均衡增长线

在探讨如何提升可持续增长率时，需回归其定义本质。可持续增长率不仅是一个计算指标，更是评估企业增长安全性的重要工具。其计算公式虽可简化为股东权益增长率的函数，但管理的意义在于理解如何通过调整各项财务指标来提升这一比率。

对于追求快速增长的企业而言，分配政策与财务杠杆通常是管理者最先考虑的调整点。减少分红以保留更多利润用于再投资，或增加财务杠杆以扩大融资规模，都是短期内快速提升增长率的可行策略。然而，这些措施也伴随着负面效应，如股东流失和财务风险增加。

因此，从长期和可持续的角度来看，企业更应关注盈利能力和运营效率的提升。在增长管理的实践中，管理者需密切关注企业实际增长率与可持续增长率之间的对比。若实际增长率高于可持续增长率，表明企业可能处于过度扩张状态，面临资金短缺问题。此时，企业需积极寻求外部融资或调整内部策略以平衡增长与资源之间的关系。

相反，若实际增长率低于可持续增长率（即"增长过慢"），则表明企业可能存在资金利用不充分的问题。长期而言，这可能导致企业负债率下降，资金闲置。针对此情况，企业可通过提高分红、回购股票或寻找合适的并购目标等方式，有效利用冗余资金，促进企业的健康发展。

2. 增长过快的处理方法

增发新股。当企业增长过快，面临资金短缺时，增发新股是一种有效的解决途径。通过增发新股，企业可以增加权益资本，不仅能够直接解决当前资金短缺的问题，还可以提高企业进一步举债的能力，为今后增长的加速提供更多的现金资源。例如，一些处于快速成长阶段的科技企业，为了支持其高速发展的业务，常常会选择增发新股来筹集资金，以满足研发投入、市场拓展等方面的资金需求。

降低股利支付率。在企业经营业绩不变的情况下，降低股利支付率可以增加留存收益，从而提高可持续增长率。例如，企业可以将原本用于高额股利分配的资金留存下来，用于企业再投资和发展。

提高财务杠杆。适当提高财务杠杆，如增加借款，也有助于缓解现金短缺的矛盾。但需要注意的是，留存比率最多为 1，即全部利润都用于再投资，且企业能够承担的负债比率也存在上限，同时还要考虑财务政策调整可能带来的其他负面影响，如削减股利可能影响股东当前利益，财务杠杆增加会加大企业面对的财务风险。

调整经营决策。企业经营业绩是影响可持续增长率的重要因素，其中销售净利率 M 和总资产周转率 T 的乘积具有关键作用。因此，企业可以通过剥离无效的资产或业务，直接产生宝贵的现金，同时放弃一部分无效的增长；加强应收账款和存货的管理，提高资产运用效率 T，如在生产中更多地采用外包策略等，不仅有助于提高总资产周转率，还可以释放出一定的现金来支持新的增长；此外，通过提高产品价格、削减成本等方式增加销售净利润率 M，也能够对实现均衡增长起到积极作用。

兼并"现金牛"企业。如果上述措施仍无法解决增长过快的问题，企业可以通过资本市场兼并那些拥有充足现金流的企业，即"现金牛"企业。这样可以借助被兼并企业的现金流来缓解自身的资金压力，实现增长的可持续性。

3. 增长过慢的处理方法

把多余的钱还给股东。当企业增长过慢，销售收入的实际增长率低于可持续增长率，出现现金的剩余时，把多余的现金还给股东是一种简单的处理方法。例如，可以增加股利分配，让股东获得更多的现金回报；或者在资本市场上进行股票回购，提升股票价值，从而在一定程度上满足股东的利益需求。然而，这种方法并非最优，它存在一定的消极因素，可能无法给股东创造更高的价值。

购入增长。购入增长是一种解决增长过慢问题的积极办法，即企业在具有较高成长性的行业中寻找合适的成长性目标企业进行收购，从而获得增长的机会。例如，一些传统行业的企业，为了突破自身增长瓶颈，会选择收购新兴行业中具有发展潜力的企业，借助被收购企业的增长动力来带动自身的发展。但需要注意的是，花钱购入增长是一项高风险的决策，非常具有挑战性，需要企业在收购前进行充分的调研和评估，确保收购能够为企业带来真正的增长和价值。

至此，我们已完成了第 6 章的核心内容探讨，即如何设定并实现一个健康的增长目标。在 SGR（可持续增长率）的框架下，明确增长目标后，企业需进行相应的投资活动以支撑这一增长，而投资则必然涉及资金的需求。因此，接下来的学习重点将聚焦于资金的筹措策略，即"如何寻找资金"。

本章思考题

1. 企业成长阶段理论将企业成长分为哪几个典型阶段，各阶段有何标志性特征？

2. 依据资源依赖理论，企业成长主要依赖哪些关键资源？举例说明。

3. 在进行财务预测时，通常需要考虑哪些因素，按照什么思路展开？请简要阐述。

4. 请写出内部增长率的计算公式，并解释每个参数的含义。

5. 阐述可持续增长的内涵，其与单纯的企业增长有何不同之处？

6. 企业实现可持续增长的路径有哪些？列举三种并简要说明操作要点。

7. 如何平衡企业的增长速度与财务资源的匹配度？举例说明采取的措施。

财务决策与价值创造

　　高质量发展强调的是效率、创新和可持续性，财务决策在其中扮演着至关重要的角色，通过优化资本结构和提升资本回报率，有效促进价值创造。财务逻辑作为企业决策的基础，通过系统化的资金配置、成本控制和风险管理，确保资源的高效利用和财务稳健。精准的财务决策不仅能够优化资本结构，提升资本回报率，还能为企业战略实施提供坚实的资金支持。本部分深入探讨揭示二者之间的内在联系，为企业管理者提供理论指导与实践策略，助力企业在竞争激烈的商业环境中实现卓越与长久的成功。

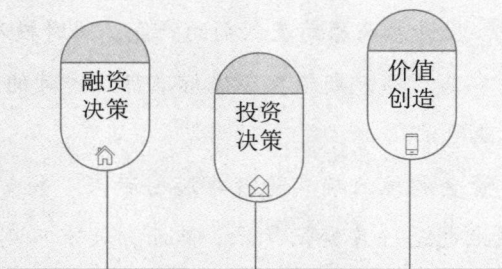

融资决策

投资决策

价值创造

第7章
融资决策理论实务

2016 年，农药化工行业正值竞争白热化阶段，公司于 5 月 17 日成功发行规模达 8.45 亿元的可转债。辉丰股份大力扩建生产基地，引入先进的自动化生产线，提升农药原药及制剂的产能，同时投入重金用于研发新型、高效、低毒的农药产品，期望在环保标准日益严苛的大环境下抢占技术高地，巩固自身行业地位。

起初，资金的注入确实为辉丰股份带来了短暂活力。研发项目稳步推进，生产线上也是一片繁忙景象。然而，天有不测风云，2018 年，环保监管风暴来袭，辉丰股份因子公司环保违规问题，遭到停业整顿。大量订单延误、客户流失，企业营收瞬间急转直下。祸不单行，2019 年当地突发的爆炸事故，又让其主要厂区陷入停产困境，生产停滞、设备受损，运营成本却居高不下，资金回笼艰难。这一系列变故对辉丰转债产生了巨大冲击。随着公司经营恶化，财务状况堪忧，转债的市场价格犹如坐上过山车般大幅波动。投资者信心受挫，市场恐慌情绪蔓延，辉丰转债的信用评级也被下调，2021年 4 月 28 日，辉丰转债最终退市。①

---

① 资料来源于：孙若男.可转债转股失败及回售的影响研究 [D].广州：广州大学，2022.

本章学习目标

- 熟悉长期股权融资工具的类型与特点。
- 掌握长期债务融资工具的种类及适用场景。
- 了解供应链金融工具在企业融资中的作用。
- 理解资本成本的内涵与重要性。
- 学会单项资本成本与平均资本成本的估算方法。
- 领会资本结构的本质及 MM 资本结构理论核心要点。
- 掌握目标资本结构的选择依据与资本结构优化思路。

7.1　主要融资工具

出资人是企业在资本市场上的潜在"客户"，企业融资决策的实质是设计和包装融资工具，使之能够吸引潜在的出资人。那么企业融资决策需要考虑如何有效地吸引潜在的客户，这些客户包括债权人和股东。此外，融资工具的设计必须能够满足公司的资金需求，确保公司能够获得必要的资金支持。同时，融资决策的目标之一是使得资本成本尽可能低，有助于公司创造价值。

融资决策的第一个问题是要了解不同的融资工具的特征，结合企业自身的特点选择合适的融资工具或组合进行融资。随着资本市场的发展，企业的融资方式日益多样化，涵盖了多种渠道。根据资金来源属性和企业出资人在企业决策中的话语权，融资方式可以分为权益融资和债务融资。下面两节主要介绍两大类融资方式的特点及相关的管理问题。

7.1.1　股权融资

在融资过程中，企业首先需要考虑两个至关重要的问题——向谁融资以及融资多少。企业需要根据未来的战略规划来确定融资的规模，即需要筹集多少资金。接下来，需要考虑的是在哪个市场融资以及何时融资。这两个问题往往并不是企业管理者所擅长，相关决策更多地依赖于投资银行的专业人士，他们对资本市场的动态与股票市场的环境有着深入的了解。他们能够为企业提供关于融资时机与场所的专业建议。

1. 企业权益融资的主要方式

企业权益融资方式主要包括普通股票发行、优先股融资和私募股权融资等方式，这些方式各有特点。

普通股票发行

发行普通股上市是企业常见的权益融资方式。在首次公开募股（IPO）过程中，企业需满足一定条件。硬性约束方面，要确保财务报表的规范与合规性等；软性约束包括选择有能力的承销商、确定合理发行价格、把握有利发行时机以及合适的发行市场。在普通股融资的过程中，寻找一家有能力的投资银行（主承销商）是至关重要的，它们能够帮助企业确定合理的发行价格。

优先股融资

优先股相较于普通股除了在企业收益分配上具有优先性，两者在投票权和分红政策方面也有区别。普通股股东的股利分配取决于企业盈利状况和董事会决策，不固定；优先股股东通常按约定股息率获得固定股息。在决策参与权上，普通股股东享有投票权，拥有参与公司重大事项决策权，如选举董事、并购重组等；优先股股东一般没有投票权或投票权受限，对公司经营管理的直接影响力较小。在风险承担上，若企业破产清算，普通股股东在清偿顺序上位于最后；优先股股东风险相对较低，优先于普通股股东获得剩余财产分配，但在股息支付和清算顺序上仍排在债权人之后。

私募股权融资

私募股权（PE）投资主要面向非上市公司进行权益性投资。PE 基金通过向目标公司注入资金，换取其部分股权或股东权益，以期在未来通过公司成长、重组或上市等途径实现资本增值。PE 融资通常涉及专业的投资机构，如私募股权基金、风险投资基金等，它们拥有丰富的行业经验和资源，能够为被投资企业提供战略规划、管理优化、市场拓展等多方面的支持。其中，风险投资是近年来企业重要的权益资金来源。特别对于具有高增长潜力但面临资金短缺的创业企业，风险投资机构是它们起步阶段重要的资金来源。其中公司风险投资能为企业带来资金的同时，还可以为企业提供额外的增值服务，如行业经验、人脉资源等。当然，更多参与企业管理给企业带来额外资源的同时，也会产生一定的劣势，比如可能会削弱企业原管理团队的话语权。风险投资通常要求较高的投资回报，若企业达不到预期业绩，创始人可能面临股权稀释或失去控制权的风险。

2. 上市融资的优缺点

上市融资能使企业迅速筹措大量资金，满足企业扩张、研发投入等资金需求。现有股东的资产可获得流动性，实现投资多元化，股东能通过二级市场买卖股票灵活调整资产配置。企业市场价值得以确定并可能升值，提升企业在行业内的知名度与影响力，有利于吸引人才、拓展业务合作。而且股票价格波动能客观反映公司经营状况，为企业管理层提供市场反馈，促使其优化经营策略。

缺点是上市成本高昂，企业需接受严格监管和信息披露要求，可能泄露商业机密，且在经营决策上灵活性受限，如重大事项需经股东大会和监管部门审批，决策流程延长，可能错失市场机遇。为了摆脱上市融资的缺点，企业可能会主动从公众持股转变为非公众持股状态。并购主体包括专业并购公司、机构投资者、非上市公司或个人投资者、目标公司管理层等。企业选择私有化可提高企业价值，减少市场短期波动对企业决策的干扰；节约管理成本，摆脱上市企业烦琐的合规成本；增加激励和管理灵活性，管理层能更专注于长期战略规划，无须受短期业绩压力和资本市场预期的过度束缚。

3. 优先股融资的管理意义

优先股之所以被称为"优先"，是因为其求偿权在普通股股东之前。具体而言，当企业获得收益后，会先支付债务利息、缴纳税款，然后向优先股股东分配股息，最后才是普通股股东的分红。由于优先股股东的风险相对较小（因其求偿权优先），他们通常要求的回报率也相对较低。然而，与普通股股东不同的是，优先股股东一般不享有投票权，且其股息通常是固定的。

尽管优先股在某些方面与债权相似（如固定股息），但二者存在本质区别。债权要求按期还本付息，一旦违约，即视为"爆雷"事件。而优先股的股息则可以累积偿还，即如果企业因资金紧张而无法在当年支付股息，则可以在次年支付时一并补足。这种灵活性使得优先股成为一种介于股权与债权之间的融资方式。

优先股融资具有两大优势：一是不会稀释企业的控制权，这对于创始人而言尤为重要；二是相较于债务融资，优先股融资不会给企业带来巨大的现金流压力，因为股息支付可以根据企业的资金状况进行灵活调整。

然而，发行优先股也需要找到愿意承担这种风险（即不要求按期付息）的投资者。在实际操作中，企业往往通过向核心员工发行类似优先股的股份来激励他们，这种股份通常具有收益分配权，但并不具备真正的股权交易属性。这种方式既能够激励员工，又不会影响创始人或创始团队对企业的控制权。

4. 风险投资基金对企业的影响

从股东角度来看，无论是风险投资者、二级市场投资人还是其他股东，他们在本质上都是企业的出资人，拥有相同的话语权。然而，在实际操作中，二级市场上的散户投资人往往缺乏对企业决策的影响力，他们只能通过买卖股票来表达意见，而无法直接参与公司决策或进入董事会。

对于企业决策者而言，引入风险投资不仅意味着需要按比例分配红利给投资人，还可能牺牲对公司的控制权和对未来的话语权。历史上不乏因引进战略投资人而导致公司话语权丧失的例子，如乔布斯在苹果公司的遭遇，以及蒙牛等民族品牌因不断引进外资而面临的控制权危机。

风险投资基金的运作逻辑决定了他们的逐利性。图 7-1 展示了风险投资基金（VC 基金）的运作逻辑。首先，风险投资公司和投资人（A、B、C 等）将资金投入 VC 基金。VC 基金随后向创业企业进行投资，创业企业获得资金

后得以发展。当创业企业发展到一定阶段，VC 基金可以通过将股份出售给
其他的战略投资者或上市之后卖给公众实现变现，完成一个投资周期。这一
过程中，VC 基金在资金募集、投资创业企业以及最终变现退出之间形成了
一个完整的资金流动和价值创造链条，为创业企业提供了发展资金，同时也
为基金投资人带来了投资回报。

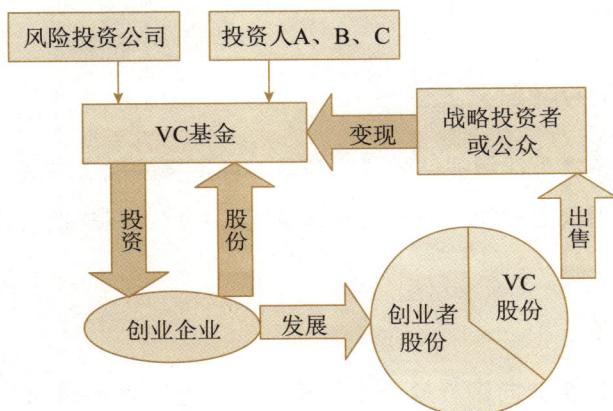

图 7-1　风险投资基金的运作过程

　　这些投资者将资金投向风险投资基金，由基金管理公司负责寻找并投资
创业企业以期获得高额回报。

　　风险投资的最佳退出策略是什么？答案通常是推动企业上市，以便实现
资本增值并顺利退出。但值得注意的是，上市成功的案例毕竟是少数，即便
在注册制下，上市门槛降低，但成功上市的企业仍占少数。若上市无望，风
险投资机构会考虑其他退出策略，如排除对赌协议、寻找更大的 VC 机构进
行企业并购等。风险投资机构都希望在二级市场上实现退出，以获取高额回
报。在企业引进风险投资的过程中，通常会经历多轮融资（如天使轮、A 轮、
B 轮等），直至 IPO（首次公开募股）。随着融资轮次的推进，企业面临的风
险逐渐降低。在早期的 BA 轮中，风险相对较高，而能够参与 PRE-IPO 阶段
的投资者则几乎已经确定了成功退出的机会。

　　此外，风险投资机构在投资过程中往往会争取进入企业董事会，以获
得更大的话语权。当持股比例较高时，他们不仅能够通过"用脚投票"（即

买卖股票)来影响企业,还能通过"用手投票"(即在董事会上发表意见)来直接参与企业决策。这在一定程度上削弱了企业管理团队的决策权和控制权。

企业在选择权益融资方式时,需综合考量自身发展阶段、资金需求规模、控制权安排、成本承受能力等因素,权衡不同融资方式的利弊,以实现企业资本结构优化。

7.1.2 债务融资

在股权融资之外,债务性融资则是另一种重要的融资方式。尽管普通的债务性融资在形式上相似,但其在具体条款、利率、还款期限等方面可能存在显著差异。

1. 银行贷款

银行贷款是企业向银行等金融机构借入资金,并按照约定的利率和期限还本付息的一种融资方式。这是企业最常见的债务性融资途径之一。贷款融资的优点非常突出,相较于一些其他融资渠道,银行贷款融资成本相对较低,贷款操作流程相对规范,企业只要和银行进行一对一谈判就可以,沟通成本相对较低。但是目前信贷市场以抵押贷款为主,对于中小企业,可能因缺乏足够的抵押物、财务报表不规范等原因难以获得贷款。银行通常会对贷款资金的用途进行严格规定,企业在资金使用上的灵活性受到一定限制。

2. 发行债券

企业债券是企业依照法定程序发行、约定在一定期限内还本付息的有价证券,是企业债务性融资的另一类重要融资工具。根据债券合约里的条款差异,企业可以发行很多种债券。

按照是否有提前赎回条款,企业可以发行可赎回债券和不可赎回债券。可赎回债券允许发行人在债券到期前按照约定的价格赎回债券,这通常在债券发行条款中明确。

按照是否有抵押,企业可以发行有抵押债券和无抵押债券。抵押债券是指企业以特定资产作为抵押发行的债券，一旦企业无法偿还债务，债权人有权对抵押资产进行处置。无抵押债券则没有这样的抵押品，其偿还顺序通常位于有抵押债券之后，风险相对较高。

按照票面利率是否固定，企业可以发行固定利率债券和浮动利率债券。固定利率债券的利率在债券发行时确定，并在整个债券期限内保持不变。但当市场利率上升时，其市场价值可能会下降。浮动利率债券的利率则会根据市场利率的变化而调整，通常与某个基准利率挂钩。

根据信用评级，企业发行的债券还可以分为投资级债券和高收益债券（也称为垃圾债券）。垃圾债券信用评级低，违约风险较高，是比较特殊的存在，一般为特殊融资目的发行。

按照是否有可转换条款，企业可以发行可转债。

3. 发行可转债

可转换债券（简称可转债）是一种兼具债券和股票特性的混合型证券。它赋予债券持有人在一定期限内按照约定的价格将债券转换为公司普通股股票的权利，同时在转换前，债券持有人可以像普通债券一样获得固定利息收益，并在债券到期时收回本金。

可转债在未转换为股票之前，其票面利率通常低于普通债券，企业支付的利息成本相对较低。同时，由于可转债具有转换为股票的潜在可能性，投资者对其利率要求相对宽松，进一步降低了企业的融资成本。

对于企业来说，可转债在一定程度上兼具债务融资和股权融资的优点。如果企业经营状况良好，股价上涨，投资者可能会选择将债券转换为股票，企业无须偿还本金，实现了债务的自动转股，优化了资本结构；如果企业经营不佳，投资者不进行转股，企业则只需按照债券的约定还本付息，减轻了股权稀释的压力。

发行可转债有利于稳定股价。可转债的发行通常会受到市场的关注，在一定程度上向市场传递了企业发展的积极信号。

但是，如果企业股价在可转债存续期间未能达到转股价格，投资者可能不会选择转股，企业仍需承担到期还本付息的压力。企业可能面临较大的资金流出，对企业的现金流造成冲击。

当投资者将可转债转换为股票时，会增加企业的股本，从而稀释原有股东的股权比例，可能影响原有股东对企业的控制权和每股收益。

4. 债务融资的利与弊

负债是一把"双刃剑"，既有诸多益处，也可能伴随着风险。

获得税收优惠

企业在计算应纳税所得额时，负债所产生的利息支出可以在税前扣除，这就相当于减少了企业的应税利润，从而降低了企业的税负。税率越高，同样的利息支出能够抵扣的税额就越多，企业获得的税收优惠也就越大。

减少股东与管理者的代理成本

股东是企业的所有者，而管理者是受股东委托经营企业的代理人。由于两者的利益目标可能不完全一致，股东追求的是企业价值的最大化和长期的投资回报，而管理者可能更关注自身的短期利益和职业发展。这种利益差异可能导致管理者在经营决策中出现短期行为，如过度投资于一些高风险、高回报但不一定符合企业长期战略的项目，或者为了追求个人的舒适和地位而增加不必要的开支等。负债融资可以在一定程度上减少这种代理成本。当企业有负债时，管理者需要按时偿还债务本息，这就增加了对管理者的约束。负债的约束作用就如同一个"调节器"，能够促使管理者更加关注企业的财务状况和偿债能力，从而减少了管理者可能出现的偷懒、在职消费等损害股东利益的行为。尤其是当管理者与股东之间的冲突较大时，负债的这种约束作用能够更好地协调双方的利益关系，使管理者的行为更加符合股东的利益，降低代理成本。

有利于控制权的集中

与股权融资不同，负债融资不会导致企业股权结构的变化，不会稀释原有股东的股权比例，从而有利于企业控制权的集中。当企业通过发行股票等股权融资方式筹集资金时，新股东的加入会使原有股东的持股比例相对下降，可能会影响原有股东对企业的控制权。而负债融资只是企业与债权人之间的债务关系，债权人通常不参与企业的经营决策，不会对企业的控制权产生影响。

增加财务拮据成本

负债融资虽然有上述优点，但也会带来财务拮据成本。当企业负债较多，经营状况不佳，无法按时足额偿还债务本息时，就会陷入财务困境，产生一系列额外的成本和损失。这些成本包括但不限于企业为了筹集资金偿还债务而支付的高额利息、律师费、资产评估费等，以及因债务违约而导致的信用评级下降、客户流失、供应商收紧信用政策等间接损失。而且，企业的经营风险越大，面临财务困境的可能性就越高，由此产生的财务拮据成本也就越高。

增加股东与债权人代理成本

在企业负债经营的情况下，股东和债权人之间存在着代理关系，也会产生代理成本。股东作为企业的所有者，希望通过投资高风险、高回报的项目来增加自身的收益，而债权人则更倾向于企业稳健经营，以确保其债权能够按时足额收回。当股东的决策可能损害债权人利益时，就会产生冲突，进而导致代理成本的增加。例如，股东可能会促使企业过度投资于一些高风险项目，如果项目成功，股东将获得大部分收益；但如果项目失败，债权人可能会面临债务无法收回的风险，而股东仅以其出资额为限承担有限责任。这种利益冲突越大，股东与债权人之间的代理成本就越高，可能表现为债权人要求更高的利率、更严格的债务条款等，从而增加了企业的融资成本和经营难度。

灵活性损失

负债融资通常需要企业在借款时就确定还款计划和资金用途等，并且在债务存续期间，企业需要按照合同约定履行还款义务，这在一定程度上限制了企业资金使用的灵活性。企业未来的资金需求越不确定，例如市场环境变化频繁、行业竞争态势不明朗等，这种灵活性损失所带来的潜在损失就越大。

7.1.3 项目融资

项目融资的发展历程可以追溯到 20 世纪 30 年代的美国，当时它主要用于石油和天然气行业。在这个时期，项目融资作为一种创新的金融工具，为石油和天然气的勘探与开发提供了重要的资金支持。到了 20 世纪 50 年代，随着欧洲和中东地区大型石油和天然气项目的开发，项目融资开始得到更广泛的应用。这一时期，项目融资不仅在规模上有所扩大，而且在结构上也变得更加复杂和多样化。20 世纪 70 年代，随着国际贷款机构的介入，项目融资开始向电力、交通和基础设施领域扩展。国际贷款机构的参与，为这些领域的大型项目提供了更为稳定和长期的资金来源。进入 21 世纪，随着新兴市场的快速发展和私人资本的积极参与，项目融资在全球范围内得到了更广泛的应用。

1. 项目融资的核心

项目融资作为一种复杂的融资手段，在实际操作中往往不为众人所熟知。项目融资之所以需要特别提及，是因为它常被误解为与普通贷款融资无异，仅操作方法有所不同，且资金来源均来自银行贷款。然而，两者存在本质区别。

项目融资是一种以特定项目产生的现金流和资产作为偿还债务和投资回报来源的融资方式。它通常用于大型基础设施、能源、交通和其他资本密集型项目中，这些项目往往需要巨额投资，且风险较高。项目融资的核心在于"有限追索"或"无追索"原则，意味着贷款人对项目发起人的其他资产没有或仅有有限的追索权。

例 7-1

在当前的能源市场中，一家电力集团正计划推进一个新的电厂 A 的建设项目。为了实现这一目标，集团面临着两种主要的融资途径选择。首先，他们可以选择传统的银行贷款方式，即直接向银行 B 申请贷款来资助电厂 A 的建设。其次，他们还可以考虑采用项目融资的方式来进行资金筹集，而这种方式中所涉及的贷款同样也是来自银行 B。无论选择哪种方式，建设电厂 A

的资金来源都主要依赖于银行 B 的贷款支持。

这两种融资方式之间究竟存在哪些本质的区别呢？

如图 7-2 所示，若采用普通贷款融资方式建设电厂 A，其还款保障与电力集团已有的电厂（如电厂 1、电厂 2）的运营状况紧密相关。此时，银行对贷款拥有完全追索权。

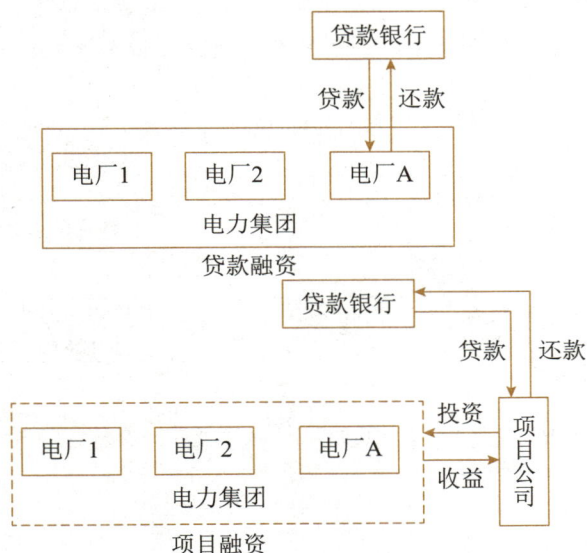

图 7-2　项目融资与贷款融资的区别

若采用项目融资方式，情况则有所不同。电力集团作为股东方，会发起设立一个项目公司，由该项目公司与银行签订贷款协议以建设电厂 A。此时，未来的还款保证与电力集团的其他电厂（如电厂 1、电厂 2）无关，因为是以项目公司为主体与银行进行交易。此时，银行对贷款拥有有限追索权。

这种项目融资方式对于电力集团而言具有明显优势，因为它将电厂 A 的风险与其他项目隔离开来。那么，银行为何愿意在项目融资模式下承担这一风险呢？

尽管项目融资看似由银行等主要出资人承担风险，但实际上风险是共担的。这也是项目融资与普通贷款融资的区别之一。项目融资通过风险分散来降低企业的风险。以房地产行业为例，每个项目都采用独立运营的方式，这既增加了房地产集团公司的举债能力，又能在一定程度上分散风险。

2. 项目融资的特点

风险分担

在项目融资的模式中，发起人通常会通过与合伙人（例如供货商、购买方、施工方等）的合作来共同分担项目所面临的风险。这种风险分担机制有助于降低单个参与方所承担的风险压力。

项目融资风险可分为系统风险与非系统风险（见图7-3）。

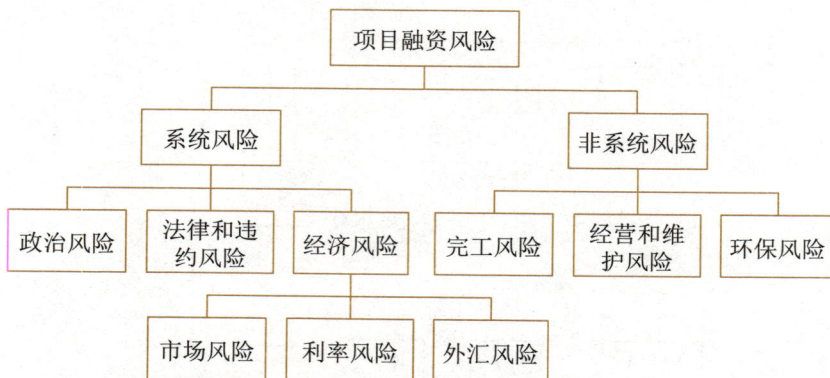

图 7-3   项目融资的风险

系统风险包含政治风险，如政策变动、政局不稳定；法律和违约风险，涉及法律法规变更及合同违约情况；经济风险，涵盖市场风险（如需求、价格波动）、利率风险（利率变动影响融资成本）和外汇风险（汇率波动影响还款成本）。

非系统风险包括完工风险，即项目无法按时、按质完工；经营和维护风险，如运营效率低、维护成本高；环保风险，因环保要求变化带来的成本增加或项目受阻。

项目融资通过多方参与和复杂的合同安排，将不同风险分配给最有能力承担和管理的参与方。

扩大负债能力

项目融资允许企业以特定项目为基础进行融资活动，通过将项目相关的风险转移给投资者或贷款方，企业能够实现更高的财务杠杆度。这种做法有助于企业在不增加自身负债的情况下，扩大其整体的负债能力。

较低的融资成本

项目融资的一个显著优势是其较低的融资成本。这是因为项目融资往往依赖于项目的未来现金流和购买人的信用作为还款保证，而不是仅仅依赖于发起人的信用。因此，相较于传统的融资方式，项目融资能够以更低的成本吸引资金。

尽管项目融资有许多优点，但它也存在一些缺点。项目融资的交易成本远高于普通贷款融资。相较于贷款融资中贷款人与借款人之间的一对一关系，项目融资则涉及一对多或多对多的协议，虽然具有分散风险的优势，但交易成本却因此大幅提升，这主要源于多方谈判的复杂性。

3. 项目融资的主要形式

项目融资的主要形式包括 BOT、BOO、TOT、PPP 等，每种形式有不同的特点。

BOT（build-operate-transfer）模式是指建设－经营－转让，即项目发起人负责项目的建设，并在一定期限内经营该项目，期满后再将其转让给政府或其他机构。这种模式常见于公路、桥梁、隧道等基础设施项目。

BOO（build-own-operate）模式是指建设－拥有－经营，即项目发起人不仅负责项目的建设，还拥有项目的所有权，并在整个项目生命周期内进行经营。这种模式通常用于能源、水利等可以产生稳定现金流的项目。

TOT（transfer-operate-transfer）模式是指转让－经营－转让，即政府或项目发起人将已经建成并运营的项目转让给投资者，投资者在一定期限内经营该项目，期满后再将其转让回原所有者。这种模式适用于已经建成但运营不善的项目。

PPP（public-private partnership）模式是指公私合作模式，即政府与社会资本合作，共同投资、建设和运营项目。这种模式强调双方的风险共担和利益共享，适用于各种类型的基础设施和公共服务项目。

〉7.2　融资成本估算

7.2.1　资本成本

企业管理者是在用出资人的钱运转企业，而出资人向企业出资是要求有回报的，出资人的钱不是"免费的午餐"。所以企业占用出资人的钱一定要支付一些费用，也就是企业的融资成本。

以银行贷款为例，假设企业向银行申请一笔 1 000 万元的三年期贷款，贷款利率假设为 7%。为了获得这笔贷款，银行会对企业进行评估，并要求企业提供资产质押等，这些过程可能会产生一定的费用。例如，为了完成贷款手续，企业可能需要花费 50 万元。这 50 万元即为取得成本，且只需一次性支付。

然而，对于企业而言，这笔贷款的成本主要体现在每年的利息支付上。若不能按期支付利息，企业将面临违约风险。因此，占用成本，即企业因长期使用资金而需支付的利息，构成了企业融资成本的主要部分。

企业的融资成本就由两部分组成：一次性取得成本和长期占用成本。企业希望将融资成本降至最低，主要关注的是长期的占用成本，也就是希望贷款利率越低越好。相对于长期的占用成本而言，取得成本所占的比例较低。

1. 资本成本的内涵

会计学定义：从资本的使用者（企业）的角度出发，资本成本是公司为了获得资本的使用权而向资本的所有者实际支付的代价，也就是前文提到的占用成本。公司从债权人那里获得了债务资本，则相应的利息支出即为资本成本。

经济学定义：从资本的所有者——投资者的角度出发，资本成本是出资人（股东和债权人）向公司转让资金的使用权所期望得到的最低回报率，即预期收益率或必要收益率。

对于债务资本，这两种定义的结果是一致的。但对于权益资本，会计的定义没有将权益成本计入成本，默认权益资本是"免费的午餐"。从自利的角度看，资本是趋利的，任何资本的拥有者都希望通过投资获得相应的回报。公司理财的资本成本定义与经济学的定义一致，关注资本所有者向企业出资时所期望得到的必要收益率。因为资本市场的基本原则是风险与收益相生相伴，高风险伴随高收益。即使企业发行股票融资后从不分红，也并不意味着企业的股东不要求回报。由于资本使用的排他性，将资本投资于某个项目以后，股东就失去了将这笔资本用于其他地方投资获利的机会，即产生了机会成本。从自利原则的角度，企业为了能够让股东愿意长期投资企业，必须为股东提供他们能接受的最低回报补偿，也就是机会成本的水平。

从计量的方式看，资本成本有绝对计量和相对计量之分，前者是用金额表示的资本成本额，后者则是用百分比表示的资本成本率，即成本率。会计人员在进行账务处理时，会从收入、成本、利息支付及税收等多个方面进行全面记录。在记录融资成本时，他们关注的是成本额，即实际支付的利息金额。例如，若贷款 100 万元，年利率为 10%，则一年需支付的利息为 10 万元，这 10 万元即为债务性融资成本额。这笔贷款也可以表述为"贷款 100 万元，每年支付 10 万元利息"。实际上上面两种表述方法本质上描述的是同一事实，但侧重点与表达方式有所不同。从会计记账的角度来看，会关注这每年 10 万元的利息支出。然而，在进行投资决策时，关注点则在资本增值，因此更看重的是资金的使用效率。所以，从理财的角度出发，资本成本并非资本成本额，而是资本成本率。

2. 资本成本的作用

资本成本是公司理财的一个非常重要的基础概念，它既是公司选择筹集资金方式和资本结构决策的重要依据，也是公司评价投资方案和进行投资决策的重要标准（基准收益率），又是约束管理者"用好他人的钱"、让"有限的资本更勤奋地工作"的"紧箍咒"。

强调所有的资本都有成本，特别是股权资本有成本，对于管理者提高资本效率具有积极的意义，从而有利于公司价值最大化目标的实现。例如，传统的税后利润指标中没有考虑权益资本成本，对于管理者来说，完成这一指标相对比较容易，如用股东的钱过度投资那些风险大、效率低的项目，只要实现的收入能弥补成本，税后利润就会增加。但是，如果将权益资本成本计入企业的资本成本，并纳入对管理者的业绩考核指标中，则相当于给管理者头上戴了一个"紧箍咒"，它会对过度投资的行为产生有力的约束。

资本成本的财务定义还可以运用于企业集团构建有效的内部资本市场的过程。从财务的角度看，组成一个企业集团相当于建立了一个内部资本市场。集团公司作为整体从外部资本市场筹集资金之后，在集团内部各分支之间存在一个资金的二次配置过程，这一配置是通过内部资本市场实现的。显然，内部资本市场的效率决定了资金二次配置的效率。

7.2.2 单项资本成本估算

如上节所述，公司所使用的资本有不同的来源。从大的方面划分，可以分成权益资本和债务资本两大类。在每一大类中，又可以分成不同的小类。如在债务资本中，有银行长期贷款和公司长期债券，而银行长期贷款又可能是由若干笔来自不同银行的贷款组成。在权益资本中，又包括优先股和普通股。

根据资本成本的财务定义，每项资本都有自己的成本，可称之为单项资本成本，它们是不同类型的出资人根据投资企业承担风险所要求的必要收益率。接下来我们将介绍单项资本成本的估计方法。

1. 债务资本成本估算

根据前面的定义，企业债务资本成本是企业的债权人向企业出资时，根据其承担的风险大小而要求的必要回报率。银行贷款的融资成本就是贷款利率，这一点较为直观。当企业发行债券时，融资成本应该是债券持有者根据承担风险而要求的回报补偿，即债券的到期收益率。

例 7-2

假设企业以 95 元的价格发行了一张面值为 100 元、期限为 3 年的债券，票面利率（或息票率）为 6%。这里，票面利率指的是每年按债券面值的 6% 支付利息。那么，企业发行这张债券的融资成本是多少呢？

债券以低于面值的价格 95 元发行，那么说明投资者在购买债券时，期望的回报率高于票面利率。为了吸引投资者，企业必须以更高的回报率（即融资成本）作为补偿。

$$95 = \frac{6}{1+k} + \frac{6}{(1+k)^2} + \frac{100+6}{(1+k)^3}$$

根据债券的基本定价逻辑，计算得出 $k = 7.94\%$，即公司发行债券的融资成本为 7.94%。

2. 权益资本成本估算

对于企业而言，融资成本实际上等于出资人因承担风险而要求的最低回报率，也就是他们的机会成本。这一逻辑同样适用于权益性融资。当企业发行股票时，投资者购买股票实际上是承担了风险，并期望获得相应的回报。企业在权益融资时，需要评估股东因承担风险而要求的最低回报率，并据此确定权益融资成本。

但是权益资本成本的估算要比债务资本成本估算复杂很多。如果以发行债券的融资成本估算方法评价发行股票的融资成本，需要预测公司未来的分红情况、投资者持有期限以及股票未来的出售价格。然而，这些预测往往存在很大的不确定性。因此，传统的现金流贴现（DCF）方法在权益资本成本估算上并不总是适用，特别是在分红政策不稳定的情况下。

那如何估算企业融资的股权资本成本呢？我们下面介绍一个诺贝尔经济学奖研究成果，资本资产定价模型，其构建了企业估算权益资本成本的基本讨论框架。

资本资产定价模型（capital asset pricing model，简称 CAPM）是由美国经济学家威廉·夏普（William F. Sharpe）、杰克·特雷诺（Jack Treynor）等人在 1960 年代独立提出的，用于评估风险资产预期回报率的金融模型。该模型基于一系列严格的假设，旨在解释资产价格如何反映其风险和预期回报。在公司理财投资领域，CAPM 是评估投资项目、股票和其他风险资产预期回报率的重要工具。它帮助投资者和公司决策者理解风险与回报之间的关系，并为资产定价提供理论基础。

CAPM 的计算公式为

$$r_e = r_f + \beta(r_m - r_f)$$

其中，r_e 表示资产的预期收益率；r_f 是无风险收益率，通常以国债收益率等低风险投资回报率来衡量；r_m 是市场组合的预期收益率，代表整个市场的平均收益水平；β 是资产的贝塔系数，反映资产相对于市场组合的波动程度。

夏普等人认为，投资者进行股票投资所要求的合理回报率由两部分构成，无风险收益率和风险溢价。其中风险溢价是指投资股票比购买无风险国债多承担风险的回报补偿。风险溢价由两部分构成：贝塔系数和与市场风险溢价相关的因素。贝塔系数反映了股票相对于市场整体的风险水平，而与市场相关的因素则主要度量了无风险收益率和市场回报率之间的差额。这个差额反映了市场上所有投资者在做风险资产投资时承担了更多风险所带来的平均回报。

尽管 CAPM 在实际应用中存在一些局限性，如无法完全解释所有市场现象，但其构建了企业评估权益资本成本的基础。

例 7-3

在一家公司的决策会议上，管理层面临着两个项目的选择，这两个项目分别是项目 A 和项目 B。公司当前为全权益融资，权益资本成本为 14%，无风险利率设定为 5%，且公司整体的 β 值为 1。项目 A 的 β 值为 0.6，其预期投入资本回报率（ROIC）为 13%；项目 B 的 β 值为 1.4，预期投入资本回报率为 15%。该如何选择项目？

根据资本资产定价模型，

项目 A 的合理期望回报率 = 5% + 0.6×（14% − 5%）= 10.4%

项目 B 的合理期望回报率 = 5% + 1.4×（14% − 5%）= 17.6%

从计算结果来看，项目 A 的 ROIC（13%）高于其期望回报率（10.4%），这意味着项目 A 能够为公司创造超出基于其风险水平所预期的价值，是一个值得投资的项目；而项目 B 虽然 ROIC（15%）较高，但低于其合理的期望回报率（17.6%），说明该项目在考虑其风险后，实际上并不能为公司带来足够的回报，甚至可能会损害公司价值。

通过这个例子可以看出，资本资产定价模型不仅仅关注项目的回报率，还充分考虑了项目与市场风险的相关性，帮助企业更科学、更全面地评估不同项目的价值。

> 资本资产定价模型的应用意义在于它为企业在进行项目投资决策时提供了一个基于风险调整的评估框架。

3. 贝塔系数的计算与含义

贝塔系数是投资领域一个重要的概念，是用于度量企业系统性风险的重要工具，也是投资人风险管理的重要分析工具。

我们在第 3 章学习过企业风险的相关知识，主要分为系统风险和非系统风险两类。系统风险指全局性的共同因素引起的投资收益的可能变动，这种因素以同样的方式对所有证券的收益产生影响，无法通过分散投资来消除。非系统风险则是指由个别公司或行业特有的因素所导致的风险，如公司的经营管理能力、产品竞争力、行业竞争格局、技术创新能力等。这类风险只影响特定的企业或行业，投资者可以通过多元化投资组合来分散和降低非系统风险。现代投资理论认为，因为非系统风险可以通过多元化投资分散，如果所有投资人都是理性且可以充分多样化构建投资组合，那么市场不应该为非系统风险提供回报。

基于此，上面学习的资本资产定价模型中的贝塔系数，实质上是系统风险的一种相对度量指标，它反映了单项资产收益率相对于市场组合收益率变化的敏感性，其定义为单项资产与市场组合协方差除以市场组合的方差。

$$\beta_i = \frac{\mathrm{cov}\,(r_i,\ r_m)}{\sigma_m^2}$$

其中，$\mathrm{cov}\,(r_i,\ r_m)$ 表示单项资产收益率与市场组合收益率的协方差；σ_m^2 表示市场组合收益率的方差。

贝塔系数是基于市场组合来衡量的，而市场指数通常被视为市场组合的代表。市场指数的涨跌反映了市场整体的走势，贝塔系数则反映了单个资产与市场指数之间的联动关系。当市场指数上涨时，贝塔系数较高的资产往往会有更强劲的上涨表现；反之，当市场指数下跌时，这些资产也会下跌得更厉害。

例 7-4

假设某股票的收益率与市场组合收益率的协方差为 0.08，市场组合的方差为 0.04，那么该股票的贝塔系数 $\beta = 0.08 / 0.04 = 2$。这意味着该股票的收益率波动幅度是市场组合收益率波动幅度的 2 倍，当市场上涨 1% 时，该股票预计会上涨 2%。

贝塔系数大于 1 的资产，其系统风险高于市场平均水平，属于激进型投资，在市场上涨时可能带来更高的收益，但在市场下跌时也会面临更大的损失；贝塔系数等于 1 的资产，其系统风险与市场组合相当，收益波动与市场同步；贝塔系数小于 1 的资产，系统风险低于市场平均水平，相对较为稳健，在市场波动时收益波动幅度较小。

投资者可以根据自身的风险承受能力和投资目标，利用贝塔系数来构建投资组合。风险偏好较高的投资者可能会选择一些贝塔系数较高的资产，以追求更高的收益；而风险厌恶型投资者则更倾向于配置贝塔系数较低的资产，以降低投资组合的整体风险。

4. 贝塔系数的影响因素

贝塔的定义和计算方法并未告诉我们贝塔是由哪些因素决定的。一只股票的贝塔不是与生俱来的，而是由其企业的特征决定的，影响因素主要来源于三个方面：收入的周期性、经营杠杆和财务杠杆。

收入的周期性

有些企业的收入具有明显的周期性。这些企业在商业周期的扩张阶段经营很好，而在商业周期的紧缩阶段则经营很差。比如高科技企业、汽车企业随商业周期而波动，而公用事业、铁路、食品等企业则与商业周期关联不大。由于贝塔系数度量的是个股收益率与市场收益率的协方差，所以周期性强的股票一般就有较高的贝塔值。

经营杠杆

在第 3 章学习了杠杆原则。我们将成本划分为固定成本和变动成本，拥有高固定成本和低变动成本的企业通常被认为拥有高的经营杠杆；反之，拥有低固定成本和高变动成本的企业则被认为拥有低的经营杠杆。企业收入的周期性对贝塔起决定性作用，而经营杠杆可以将这种作用放大。也就是说，当生产过程中的固定成本替代了变动成本时，具有销售周期性的企业的贝塔值将会提高。

财务杠杆

财务杠杆是指企业通过固定成本的负债融资扩大股东收益的机制，可以反映财务风险的大小。当企业从不负债到负债，股东承担的总风险不断加大（在经营风险的基础上又增加了财务风险），而影响财务风险大小的利率波动等因素会加剧企业的系统性风险。换言之，企业负债越多，对利率波动的敏感性越强，企业承担的系统风险越大。所以，虽然企业负债多少是自己的内部决策，但财务杠杆的高低将影响系统风险的大小。我们用 β_L 和 β_U 作为企业在负债和不负债时的贝塔系数，分别称为杠杆贝塔和无杠杆贝塔。两者的关系如下。

$$\beta_L = \beta_U[1 + (1 - t)D/E]$$

其中，t 为企业所得税税率；D 为企业的负债额；E 为企业的权益融资额。

当企业增加负债时，负债权益比上升，财务风险增加，杠杆贝塔值也会增大，即企业的总系统风险增加。

例如，一家企业无杠杆贝塔为 1，负债权益比为 1，所得税税率为 25%，那么其杠杆贝塔 = 1×[1 + (1 − 25%)×1] = 1.75。这表明在考虑了财务风险后，企业的系统风险显著提高。

7.2.3　平均资本成本估算

1. 估算加权平均资本成本的必要性

企业的资金来源通常是多元化的，包括债务资本和股权资本。在实际的项目投资中，企业不可能仅依靠单一的资金渠道来为项目融资。例如，一家企业可能同时拥有银行贷款和发行股票所筹集的资金。银行贷款的利率可能相对较低，而股东要求的回报率通常较高。如果仅用银行贷款的利率（单项债务资本成本）来评价一个项目，可能会低估项目的真实资金成本，因为没有考虑到股权资本的成本以及不同资本结构对企业整体风险和价值的影响。所以我们还需要进一步了解所有出资人的平均期望回报，也就是企业的平均融资成本，即加权平均资本成本（weighted average cost of capital，WACC）。

2. 加权平均资本成本的计算

加权平均资本成本，顾名思义，将企业不同融资方式的单项资本成本按照各种的出资比例进行加权平均。

$$r_{\text{WACC}} = \frac{E}{E+D} \times r_{\text{e}} + \frac{D}{E+D} \times r_{\text{d}} \times (1-t)$$

其中，r_{d} 为债务性融资成本；r_{e} 权益性融资成本；E 和 D 分别为企业的权益融资额和债务融资额；t 为所得税税率。

例 7-5

假设 A 公司的相关财务信息如下：公司发行了 5 000 张面值为 1 000 元的债券，债券的票面利率为 6%，债券平价发行；公司普通股的市场价格为每股 50 元，已发行普通股 100 万股，当前的无风险利率为 3%，市场风险溢价为 8%，公司股票的 β 系数为 1.2。公司适用的所得税税率为 25%。请估算 A 公司的加权平均资本成本。

根据资本资产定价模型来计算权益性融资成本，$r_{\text{e}} = 3\% + 1.2 \times 8\% = 12.6\%$。

计算债务融资的权重和权益融资的权重：

总融资额 ＝ 债务融资额 ＋ 权益融资额 ＝ 500 ＋ 5 000 ＝ 5 500（万元）

$$D/(D+E) = 500/5\,500 \approx 0.090\,9$$

$$E/(D+E) = 5\,000/5\,500 \approx 0.909\,1$$

根据 WACC 的计算公式求得

$$
\begin{aligned}
r_{\text{WACC}} &= 6\% \times (1-25\%) \times 0.090\,9 + 12.6\% \times 0.909\,1 \\
&= 0.040\,9 + 0.114\,5 \\
&= 15.54\%
\end{aligned}
$$

> 　　加权平均资本成本为企业的投资决策和价值创造能力提供了一
> 个重要的评价基准。

当企业评估一个新项目时，只有当该项目的预期回报率高于项目加权平均资本成本时，才有可能为企业创造价值。通过将 WACC 作为门槛收益率，企业可以筛选出那些真正能够提升企业价值的投资项目，避免资源的浪费和低效配置。上例中，15.54% 表示的是企业的所有出资人向企业出资因为承担风险而要求的最低回报补偿，如果企业的实际投资回报率 ROIC 达不到这个水平，那么就没有为出资人创造价值。而实际上这个企业完全可以处于盈利状态。

7.3　资本结构理论

资本结构指的是一个企业在融资过程中，所采用的各种不同形式的资本的组合比例，这些资本形式主要包括债务资本和股权资本等。第一章我们已经提到，企业理财的目标是创造财富，实现公司价值最大化，管理者通过三大类决策（投资决策、融资决策和运营决策）帮助企业实现这一目标。本章讨论的资本结构和企业价值是什么关系呢？资本成本如何影响企业价值最大化目标的实现？

资本结构理论探讨企业融资和企业价值的关系，接下来的一节主要介绍几个主要的资本结构理论的分析逻辑和结果。

7.3.1　经典资本结构理论

关于企业资本结构与企业价值关系的讨论，可以分为两大类，以获得诺贝尔经济学奖的 MM 定理为代表的经典资本结构理论，和以融资优序理论为代表的新资本结构理论。

1. MM 定理 I（无关论）

莫迪利亚尼（Modigliani）和米勒（Miller）（M&M）基于无套利思想提

出，公司无法通过改变其资本结构来改变其流通在外证券的总价值。也就是说，在不同的资本结构下，公司的总价值总是相同的。

他们通过比较以下两个投资策略来说明这个理论。

例 7-6

假设 A 公司是一家没有负债的公司，当前一共发行 400 股股票，每股 20 元，所以总资产为 8 000 元。公司计划借款 4 000 元回购 200 股股票，将负债率调整为 50%，见表 7-1。调整资本结构之后，公司的收益未来可能出现三种情况，正常情况下预期为 1 200 元，经济扩张时可以达到 2 000 元，而衰退时收益为 400 元。

表 7-1　A 公司的财务结构

	当前	计划
资产（元）	8 000	8 000
债务（元）	0	4 000
权益（市值和账面值）（元）	8 000	4 000
利息率	—	10%
市场价值 / 股	20	20
流通在外的股票 / 股	400	200

在当前的资本结构下（无负债），经济状况对每股收益的影响如表 7-2 所示。首先考察中间列，其中期望收益为 1 200 元。由于资产是 8 000 元，资产收益率（ROA）和股东权益收益率（ROE）均为 15%，每股收益是 3（＝1 200/400）元。在经济萧条和经济扩张时，同样可计算出每股收益分别为 1 元和 5 元。

表 7-2　A 公司的收益变化

	经济衰退	正常情况	经济扩张
收益（元）	400	1 200	2 000
总资产收益率	5%	15%	25%
股东权益收益率	5%	15%	25%
每股收益（元）	1	3	5

公司通过增加负债调整了资本结构，但总资产规模不变，总收益不变，所以三种经济状况下的总资产收益率完全相同。考虑增加负债后要支付利

息，股东权益的收益率会发生变化。

债务是 4 000 元，利息为 0.10×4 000 ＝ 400（元）。

表 7-3 中，正常预期下股东权益收益率变为 20%，每股收益变为 4 元。在经济萧条和经济扩张时，每股收益分别为 0 元 和 8 元。

表 7-3　A 公司负债 4 000 元

	经济衰退	正常情况	经济扩张
总资产收益率	5%	15%	25%
息前收益（元）	400	1 200	2 000
利息（元）	400	400	400
息后收益（元）	0	800	1 600
股东权益收益率	0	20%	40%
每股收益（元）	0	4	8

假设投资人有两种投资策略，可以同时买公司调整资本结构之后的股票（策略 A），也可以自己模仿公司的资本结构，自制财务杠杆 50% 投资公司原来没有负债时的股票（策略 B）。

表 7-4 记录了 A 公司的股东在公司调整资本结构和股东自己自制财务杠杆的当前资本结构下的收益和成本。

表 7-4　A 公司资本结构变化前后收益对比　　　　单位：元

	衰退	正常	扩张
策略 A：买入杠杆公司 100 股，初始成本 ＝ 100 股 ×20 ＝ 2 000（元）			
杠杆公司的每股收益	0	4	8
每 100 股的收益	0	400	800
策略 B：自制财务杠杆（利率为 10%），买 200 股无杠杆公司股票，初始成本 ＝ 200 股 ×20 元 － 2 000 元 ＝ 2 000（元）			
无杠杆公司的每股收益	1	3	5
每 200 股的收益	200	600	1 000
2 000 美元的利息	－200	－200	－200
净收益	0	400	800

无论投资者买入杠杆公司的股票，还是个人借款买无杠杆公司的股票，投资者的收入都相同，初始成本也相同。因此，公司在其资本结构中增加债务对投资者的收益没有影响。两种策略的成本相同，收入也相同。所以，投

资者无法从公司的财务杠杆中获利，也不能从自制的财务杠杆中获利。

如果假设无论何种原因，杠杆公司的价值实际上高于无杠杆公司的价值。那么策略 A 的成本将高于策略 B。在这种情况下，投资者将更愿意自己自制杠杆投资于无杠杆公司的股票。所以，如果杠杆公司的价值较高，理性的投资者将不会投资于该公司，供求关系导致杠杆公司的价值下跌，无杠杆公司的价值上涨，直至它们的价值相等。最后结果还是策略 A 和策略 B 对投资者而言没有区别。这个例子说明了 MM 定理的基本结论，被认为是公司融资理论中最为重要的基本结论。

MM 定理 I（无关论）：杠杆公司的价值等同于无杠杆公司的价值。

用 V_L 表示杠杆公司的价值，V_U 表示无杠杆公司的价值，MM 定理 I 可以表达为如下公式：

$$V_L = V_U$$

MM 定理 I 也可以用图形表示，在图 7-4 中，杠杆企业的价值不会随着企业负债的增加而增加，是一条水平的直线。

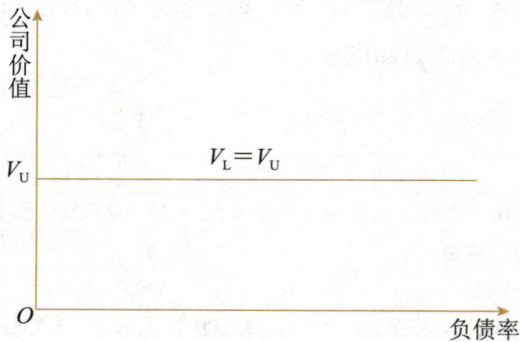

图 7-4　资本结构无关论

MM 定理 I 的结论是在比较强的假设条件下获得的。一个基本的假设是个人能以与公司相同的条件融资。上面例子中如果个人只能以更高的贷款利率借款，策略 B 的收益将下降，很明显公司增加负债将更有利于增加公司价值。

2. MM 定理 II（相关论）

MM 定理 I 的讨论中还忽略了一个很重要的问题，就是税。也就是说，在一个没有税收的世界里，公司的价值与企业的资本结构无关。而现实世界的企业收益分配过程一定有税的影响。

考虑之前学到的税盾，是企业税前支付利息而产生的税收减少效应，负债越多，产生的税盾越多，在收益一定的情况下，企业留给出资人的收益就越大，企业的价值越大。

如图 7-5 所示，如果将企业的价值看作一张饼，企业在负债和不负债的情况下需要缴纳的税是不同的，从企业为出资人实现价值创造的角度来看，杠杆企业的价值会随着企业负债的增加而增加。

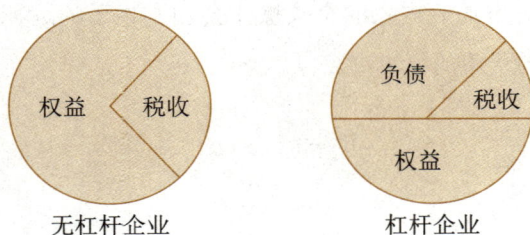

图 7-5　资本结构圆饼图

MM 定理Ⅱ（相关论）：杠杆公司的价值等于无杠杆公司的价值与税盾价值之和。

MM 定理Ⅱ可以表达为如下公式：

$$V_L = V_U + t + B$$

这个表达方式是基于企业永续经营的假设，其中 t 为所得税率，B 为企业的债务总额。如果企业的债务融资成本为 R_B，那么企业每年要支付的利息为 $R_B \times B$，每年因此节约的税收额为 $t \times R_B \times B$，该现金流与债务风险相同。在永续现金流假设下，企业因为负债而产生的税盾价值为

$$\frac{t \times R_B \times B}{R_B} = t \times B$$

MM 定理Ⅱ也可以用图 7-6 表示，相对于定理Ⅰ是一条水平的直线，定理Ⅱ可以表示为一条斜线，杠杆企业的价值随着负债的增加而增加。

虽然资本结构理论在表面上看起来可能与实践脱节，但实际上它具有重要的理论和实践价值。例如，在金融危机中，MM 定理的逻辑可以帮助我们

理解为什么某些政策可能加剧危机。以东南亚金融危机为例，米勒教授曾指出，如果爆发危机的国家的中央银行行长了解 MM 定理的基本逻辑，他们可能会采取更为有效的应对措施。在危机中，国际炒家通过借贷当地货币并换成美元来做空这些国家的货币。为了提高投机成本，一些国家采取了提高本币贷款利率的政策。然而，米勒教授认为这种做法无异于火上浇油，因为高利率反而可能吸引更多的投机者，他们可以通过高杠杆操作赚取更高的收益。这些投机者通常是采用套利操作实现获利的，当他们在现货市场做多头获得短期的利差收益时，通常同时会在远期或期货市场做空头锁定利润或控制损失。这些期货市场后进入的空头操作会加剧本币的远期贬值，变相地帮助了最初做空本国货币的投机商。

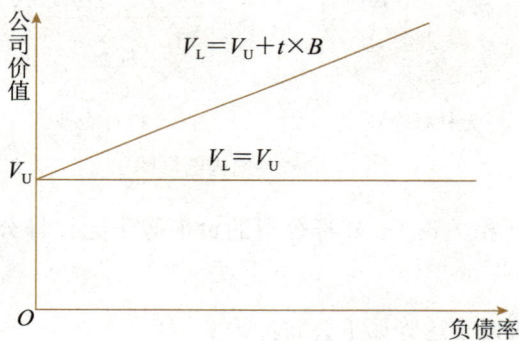

图 7-6　资本结构相关论

7.3.2　新资本结构理论

1. 权衡理论

莫迪利亚尼和米勒认为在征收公司所得税时，公司的价值随负债的增加而提高，这意味着以公司价值最大化为经营目的的公司应该选择最大限度的债务。但这个结论在现实世界是不一定成立的，或者说很少有企业认为负债越多越好。MM 定理Ⅱ的分析考虑了企业借款带来的税盾好处，却忽略了负债可能带来的高风险，由此可能产生的财务危机或破产成本将减少杠杆公司的价值。

权衡理论强调，企业存在一个最优的资本结构或负债水平，在该水平下，企业价值达到最大化。当负债水平超过这一点时，税盾效应带来的正面收益将被财务危机成本等负面效应所抵消，甚至超过。

债务为公司带来了税收上的好处，但也给公司带来按期利息和本金支付的现金流压力。若公司未按期支付，则可能面临财务危机甚至破产。在没有破产成本的世界中，债权人和股东分享整块馅饼。但在现实世界中，破产成本蚕食了部分馅饼，剩余给股东和债权人的部分变少。一旦进入财务困境，公司就不得不额外承担财务困境的直接成本，包括清算或重组的法律成本和管理成本。财务困境也会造成一些间接成本，比如破产阻碍了与客户和供应商的经营行为。由于客户担心服务受到影响及信用丧失，致使公司销售受损。

另外，当公司拥有债务时，股东和债权人之间就产生了利益冲突。这会诱使股东寻求利己的策略。在公司出现财务困境时，股东和债权人之间的利益冲突扩大，给公司增加了代理成本。

资本结构权衡理论可以用以下公式来表示，其中 C 代表企业负债可能带来的财务危机成本。

$$V_L = V_U + tB - C$$

图 7-7 解释了资本结构权衡理论。杠杆企业的价值先随着负债的增加而提高，当负债带来的税盾好处完全被负债的负面效应财务危机成本侵蚀，企业的价值达到最大化，更多的负债会带来企业价值的下降。

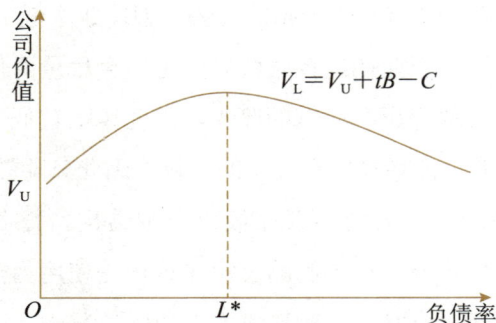

图 7-7　资本结构权衡理论

2. 融资优序理论

融资优序理论（pecking order theory）是由 Myers 和 Majluf 于 1984 年提出的，该理论主要关注企业融资结构的选择问题，即企业在面临融资需求时，应如何选择融资方式。关于企业资本结构选择的讨论边界逐渐扩大，MM 定理从无税世界拓展到有税的好处，权衡理论又将负债带来的财务困境成本纳入考察范围。但还是忽略了一个考虑因素：融资时机的影响。

企业在熊市的行情下需要融资，企业价值被低估的情况下，是该选择发行股票还是债务融资呢？债务融资是应该发行普通债券还是发行可转债呢？通常只有在股票被高估的情况下，才应该发行股票，如果确信公司的股票被低估了，将会发行债券。

> 融资优序理论认为，企业在选择融资方式时，会遵循一定的优先顺序，即首先考虑内部融资，然后是低风险的债务融资，最后才是股权融资。

信息不对称原则：融资优序理论认为，企业内部管理层与外部投资者之间存在信息不对称。内部管理层对企业的真实情况更为了解，而外部投资者则难以完全掌握这些信息。因此，企业在选择融资方式时，会尽量避免因信息不对称而带来的融资成本增加。

最小化融资成本原则：企业在选择融资方式时，会尽量选择融资成本最低的方式。内部融资无须支付利息和股息，因此成本最低。债务融资的利息支出可以在税前扣除，具有税收抵扣的优势，因此成本低于股权融资。

风险最小化原则：企业在选择融资方式时，会尽量降低财务风险。内部融资和债务融资不会稀释原有股东的股权，因此风险较低。股权融资会增加企业的财务风险，并可能稀释原有股东的股权，因此风险较高。

基于融资优序理论，公司不存在最优资本结构。每个公司根据各自的资金需求来选择负债规模。有盈利的公司应该优先使用内部资金，较少的债务。但是当需要外部融资时，在融资成本合理的情况下，或者说公司在遇到潜在的财务困境成本之前，应该尽可能多地负债。

在实际操作中进行资本结构优化或制定融资决策时，尽管存在多种理论，但更为常用的是融资优序理论，而非单一的定理。这一理论在考虑融资成本与交易成本的基础上，为企业选择合适的资本结构提供了指导。

创业所需资金，通常被形象地称为**"五桶金"**。在创业初期，资金筹措的顺序往往遵循一定的逻辑。第一桶金自然是自有资金，这是创业者掌控的核心资源，也是最为可靠的资金来源。银行贷款是常见的第二桶金来源，它以其相对稳定的资金来源和较低的融资成本而受到青睐。然而，在某些特殊情况下，如政府风险投资（GVC）的介入，可能会使这一顺序发生变化。政府风险投资作为一种扶持性资金，往往不以营利为目的，更像是一种种子基金，旨在促进创业项目的成长与发展。因此，在实务操作中，GVC 有时会被优先考虑，甚至排在银行贷款之前。第三桶金则通常是指风险投资（VC）或私募股权（PE）等投资人的资金。这些投资人通过提供资金支持，帮助企业实现快速发展和扩张。然而，在引入投资人之前，企业往往需要先通过自有资金和银行贷款等方式解决初期的资金问题。成长到一定规模的企业会用到第四桶金，即发行债券。成本相对最高的发行普通股上市是最后一桶金，上市之后可以通过股票市场不断增发配股获得权益融资。

通常而言，融资优序的逻辑并非单纯基于成本最低化的原则。其"先内后外"的顺序，主要源于信息不对称的考量。企业自身对于投资项目的了解最为深入，因此从信息对称性的角度来看，企业更倾向于首先使用自有资金，以确保资金的可控性。在外部融资的选择上，正常状态下企业会遵循"先债后股"的原则，这一原则部分源于资本结构定理中成本优先的观点。然而，在实际操作中，企业还需考虑高负债可能带来的负面效应，因此融资工具的选择与定理存在一定差异。

本章思考题

1. 列举三种长期股权融资工具的优缺点。

2. 举例说明银行贷款作为长期债务融资工具的特点。

3. 阐述供应链金融工具如何帮助中小企业解决融资难题，举例说明一种供应链金融工具的运作模式。

4. 简述项目融资的定义与特点，举例说明一个适合采用项目融资的大型项目场景。

5. 解释资本成本的内涵，为什么它对企业融资决策至关重要？

6. 计算单项资本成本时需要考虑哪些要素？请写出计算公式。

7. 在估算平均资本成本时，权重如何确定？常见的确定方法有哪些？

8. 阐述资本结构的本质，它反映了企业哪些方面的关系？

9. 简述 MM 资本结构理论的基本假设与主要结论。

10. 企业选择目标资本结构时，需要综合考虑哪些内外部因素？举例说明。

11. 当企业面临不同的经营状况（如高速增长、稳定期、衰退期）时，资本结构应如何调整？举例说明。

12. 举例说明资本结构不合理可能给企业带来哪些负面影响。

第8章
投资决策评价与应用

2020 年，消费电子行业进入高速变革期，折叠屏手机、可穿戴设备等新兴产品不断涌现，带动了柔性电路板这一关键零部件的巨大需求。未来科技公司是一家在传统电路板领域已稍有建树的中型制造企业，看到了其中蕴含的商机，决定对是否投资柔性电路板生产线进行审慎评估。

公司的财务团队联合市场调研专家，对该项目未来 6 年的现金流进行了细致预测。随着折叠屏手机预计在未来几年以 50% 的年增长率普及，柔性电路板作为核心部件，销售价格虽因初期竞争激烈有所波动，但整体呈上升趋势。不过，引进柔性电路板生产技术需要高额的专利许可费，新设备采购、无尘车间建设以及专业人才招募成本不菲，每年的运营成本也居高不下。综合各因素，在乐观的市场情景下，NPV（净现值）勉强达到 5 000 万元；但若是竞争对手加速入场、产品良率提升缓慢，导致市场份额不及预期，NPV 则会降至 —2 000 万元，意味着长期盈利存在较大不确定性。

考虑到项目资金主要来源于银行贷款与企业部分留存收益，资金成本相对固定在 10% 左右。技术研发与市场部门通力合作，模拟不同产品迭代阶段、客户订单获取速度下的现金流情况。若生产线能在一年内达到满产，且后续持续升级技术保持竞争力，IRR（内部收益率）有望达到 18%，远超资金成本，投资回报丰厚；反之，若遭遇技术瓶颈，订单量持续不足，IRR 可能跌落至 8%，甚至无法覆盖资金成本。

以企业现有的资金储备和运营节奏估算，若项目推进顺利，凭借前期几款大客户订单的预付款，有望在 3.5 年收回初始投资，快速回笼资金可保障后续研发投入与企业运营；但如果出现设备调试延误、原材料供应不稳定等情况，回收期将延长至 5 年以上，企业资金链将承受巨大压力。

本章学习目标
- 了解投资决策的完整过程及各环节要点。
- 掌握不同项目现金流的分类及特点。
- 熟悉净现值法的原理及判断标准。
- 掌握内部报酬率的计算及对投资决策的意义。
- 学会运用敏感性分析、决策树模型进行投资风险分析。

8.1　投资决策基础

8.1.1　投资决策过程

企业投资决策过程通常可以分为四个阶段，包括识别阶段、评估阶段、选择阶段和审核阶段，见图 8-1。

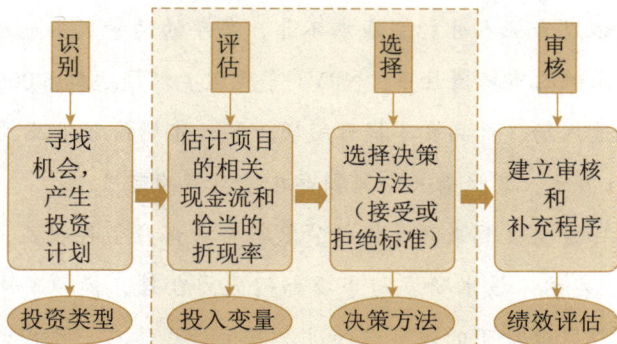

图 8-1　投资决策过程示意图

> 如果将企业投资比喻为重复博弈，科学合理的投资决策可以提升胜率。

1. 投资机会识别阶段

投资机会识别是投资决策的起始点，企业需要在市场中寻找机会，确定可能的投资方向。这个阶段的决策主要依赖于企业家的警觉性和洞察力，很多人表述为企业家的"直觉"。

关于投资机会的讨论，一类观点（存在主义）认为投资机会是客观存在于市场中的，不受投资者主观意志的影响，就像隐藏在市场丛林中的宝藏，等待着投资者去发现。投资者需要敏锐的市场洞察力去识别这些已经存在的机会。还有一类观点（建构主义）认为投资机会并非完全客观存在，而是由投资者通过自身的认知、经验、预期以及与其他市场参与者的互动共同建构出来的。投资者可以通过创新的商业模式、独特的市场定位、对未来趋势的前瞻性预判等，创造出原本不存在的投资机会。比如，共享单车的兴起，就是投资者建构出的一种新型投资机会，它改变了人们的出行方式和对城市交通的认知，从而创造了一个新的市场和投资领域。

存在主义和建构主义在投资机会上的差异主要体现在对机会来源的认知不同。存在主义认为机会是客观的、先于投资者而存在的，投资者的任务是发现和把握；而建构主义则认为机会是投资者主观建构的结果，投资者可以通过自身的努力和创新来创造机会。存在主义更倾向于对现有市场和环境的适应与挖掘，建构主义更注重对未来的塑造和创新。

2. 评估阶段

投资决策的评估阶段至关重要，企业需要对识别出的投资项目进行深入评估。这其中涉及估计项目的相关现金流和恰当的折现率，也就是确定投入变量。

前面章节中的知识可以帮助投资者估计项目相关的现金流，包括预测项目在未来各个时期可能产生的现金流入和流出。再确定反映投资项目风险水平和投资者必要回报率的折现率，为判断项目是否经济可行铺垫基础。

3. 选择阶段

在完成评估后，投资决策过程进入选择阶段。决策者需要选择决策方法确定接受或拒绝项目的标准。投资决策评价方法有很多，有定性的评价方法，更常用的是定量的评价方法。常见的决策方法包括净现值法、内部收益率法、回收期法、实物期权法等。

投资者需要理解不同评价方法的优缺点和适用场景，以便根据具体项目特点和企业战略目标选择合适的评价方法，做出科学决策。

4. 审核阶段

审核阶段是对整个决策过程的把关和完善。企业需要建立审核和补充程序，对已经做出的投资决策进行再次审视和评估。这包括检查前期的评估和选择过程是否存在漏洞或偏差，是否有新的信息或市场变化需要考虑。例如，在项目实施过程中，可能会出现政策调整、竞争对手的新举措、技术更新换代等情况，这些都可能影响项目的预期收益和风险。通过审核阶段，企业可以及时发现问题并采取相应的补充措施，如重新评估风险等。

8.1.2 项目现金流类型

上一节我们提到，发现投资机会之后，对项目进行经济可行性分析的工作中，首先是对项目的可能现金流进行估算。我们首先需要了解项目现金流的基本分类，然后学习现金流估算的基本原则。

1. 项目现金流分类

项目现金流按照不同的标准，有两种分类方法。

按照产生来源分类，可以分为经营活动现金流、投资活动现金流和融资活动现金流，之前在第四章学习过现金流量表的构成，这里不再重述。

按照项目生命周期分类，可以分为期初现金流、期间现金流和期末现金流。这种分类方法非常好理解，按照项目开始、运营和结束的时间节点（通常按年初或年末）进行统计（图 8-2）。基于价值评估的折现现金流方法的逻辑，这类现金流主要在投资决策评估中采用。每个时间节点上的现金流都可能来源于经营活动现金流、投资活动现金流和融资活动现金流。

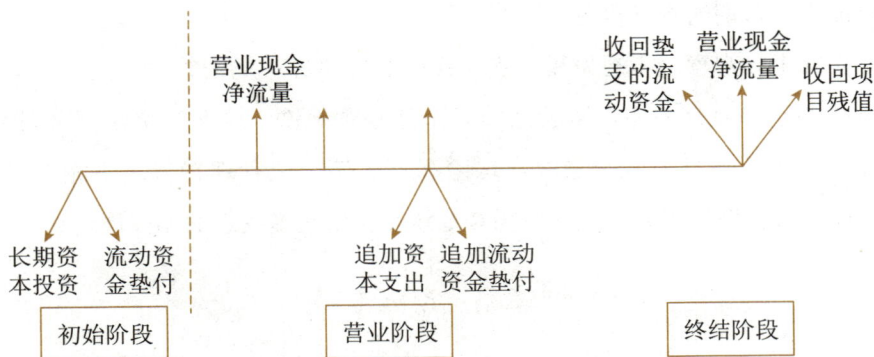

图 8-2　从项目周期考察现金流

2. 现金流估算原则

确定项目现金流有两个基本原则：实际现金流原则和相关 / 不相关原则。

实际现金流原则是指现金流必须按它们实际发生的时间测量，且未来现金流的价值须用预计未来的当时价格和成本计算，若考虑通货膨胀，名义现金流（考虑了预期通货膨胀的现金流）应被估算出来，若未来通货膨胀率难估计，可估计项目预期的实际现金流（假设价格和成本不受预期通货膨胀影响而计算的现金流价值），且对通货膨胀的处理在现金流和资本成本中要保持一致。

相关 / 不相关原则是指与投资决策相联系的相关现金流仅是指那些由于投资决策而能引起公司全面的未来现金状况变化的现金流，即增量现金流，它等于实施投资情况下公司预期现金流与拒绝投资情况下公司预期现金流之间的差额。

理解相关现金流

假设你住在郊区，每天需要到市中心上班。你可以开车去上班，也可以乘坐地铁。持有车辆每月要付 300 元保险，100 元小区车位管理费，如果乘地铁上班，每个月需要 400 元交通费，但如果开车，每月需要 1 000 元油费，办公楼的车位租金为每月 250 元。从经济角度评价，应该如何选择交通工具？

这个决策有两种评价逻辑，一种非常简单，比较两种出行方式的总支出，选择较少支出的方式。但这就需要我们测算这个项目所有支出，在实践中可能产生前期的测算费用。

实际上，观察一下会发现，汽车保险和家里停车场的管理费用支出与出行方式的选择没有关系，不管选择开车还是乘地铁，这两笔费用都会发生。那么，在进行出行方式决策时，保险和家里停车位管理费就是不相关现金流，而办公楼车位租金、汽油费用和地铁票支出是本决策的相关现金流。

忽略沉没成本

企业为了判断一个项目是否经济可行，投入了 3 000 万元进行市场调研，结果显示该项目预计能带来 2 000 万元的价值创造。这个项目值得投资吗？

在决定是否投资该项目时，这 3 000 万元的市场调研费用已成为沉没成本，不应作为项目决策的直接考量因素。尽管遗忘这 3 000 万元的投入可能令人感到痛苦，但通常情况下，我们需要忽略这些沉没成本，它属于不相关现金流。当然，我们也可以学会如何将其纳入评估过程中。

相关现金流增量原则，强调的是关注那些因采纳项目而发生变化的现金流。这些变化的现金流是企业决定是否实施项目的关键信息来源。

合理分摊费用

一家公司目前拥有五家分店，每年管理费用为 60 万元，平均分摊到每家分店。现在考虑是否投资开设第六家店，若开设，管理费用仍维持 60 万元不变。在评估第六家店是否开设时，需要估算 60 万元的分摊费用吗？

无论第六家店是否开设，这 60 万元管理费用都会发生，对第六家店的投资决策而言，没有产生增量现金流。

3. 项目相关现金流估算

在项目价值评估过程中，同样采用的是项目创造自由现金流的能力。自由现金流是在相关现金流和实际现金流原则的基础上进行测试的，来源于企业经营活动产生的现金流和投资活动产生的现金流。

$$\text{FCF} = \text{EBIT} \times (1 - t) + \text{Dep} - \Delta\text{Cap} - \Delta\text{WCR}$$

其中，Dep 表示当年的折旧额；ΔCap 表示当年的资本性投资额；ΔWCR 表示当年的营运资本追加额。

在掌握了现金流估算的基本逻辑和方法后，将项目风险决定的贴现率加入评估框架，便可进行项目投资决策。

8.2　投资决策基础评价法

投资决策的基础评价法根据是否考虑货币时间价值，可以分为两大类，非贴现评价法和贴现评价法。本节将根据简单复杂的逻辑逐一介绍每种评价方法的内涵、评价逻辑和局限性。

8.2.1　投资回收期

项目投资回收期（payback period）是指从项目的投建之日起，用项目所得的净收益偿还原始投资所需要的年限。通过计算收回初始投资所需的时间，来评估项目的可行性和风险。

1. 计算公式

投资回收期 = 累计净现金流量首次大于原始投资额的年份－1＋（原始投资额－上一年累计净现金流量）÷ 当年净现金流量

例 8-1

F 公司正在寻找新的投资机会，现在有两个项目可以考虑投资。假设这两个项目分别是项目 A 和项目 B，项目 A 初始投资为 100 万元，之后每年净现金流量均为 50 万元。项目 B 的初始投资为 200 万元，第 1 年净现金流量为 50 万元，第 2 年净现金流量为 50 万元，第 3 年净现金流量为 60 万元，第 4 年起每年净现金流量为 80 万元……两个项目的现金流量分布如图 8-3 所示。

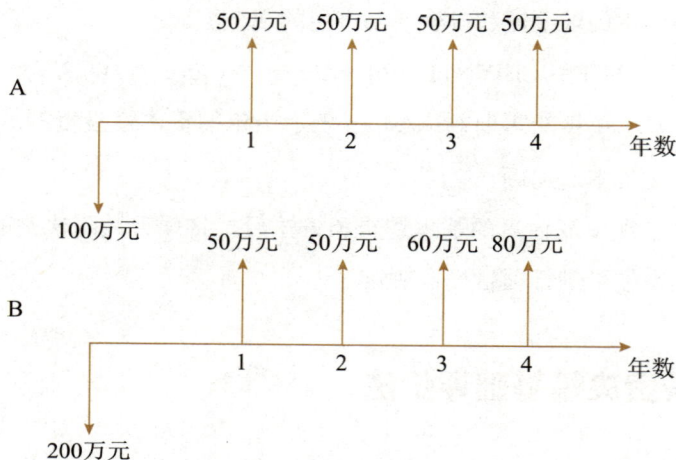

图 8-3　项目现金流量

因为资金闲置，公司只能选择一个，如何选择？

项目 A 的静态投资回收期 $= 100 \div 50 = 2$（年）

项目 B 的静态投资回收期 $= 3 + (200 - 160) \div 80 = 3.5$（年）

计算过程如下：

第 1 年末累计净现金流量 $= 50$（万元）

第 2 年末累计净现金流量 $= 50 + 50 = 100$（万元）

第 3 年末累计净现金流量 $= 50 + 50 + 60 = 160$（万元）

第 4 年末累计净现金流量 $= 50 + 50 + 60 + 80 = 240$（万元）$> 200$（万元）

2. 投资回收期的优点

计算简便

如上述例子所示，投资回收期，其计算过程相对简单，不需要复杂的数学模型和大量的数据处理，投资者能够快速得出结果，节省时间和精力。有利于非专业投资者在短时间内对多个项目进行初步筛选。

容易理解

投资回收期的概念直观易懂，即收回投资成本所需的时间。无论是企业管理层还是普通投资者，都能够很容易地理解这个指标的含义和重要性。它可以直接告诉投资者大概需要多久才能收回本金，这种直观性使得投资回收期成为一种广泛应用的投资评价方法。

重视方案的流动性

该方法强调了资金的回收速度，反映了项目的流动性。投资回收期短的项目能够使企业更快地收回资金，从而增强企业的资金周转能力和应对风险的能力。在经济形势不稳定或企业资金紧张的情况下，企业可能更倾向于选择投资回收期短的项目。

衡量项目风险

一般来说，投资回收期越短，项目的风险相对越低。因为在较短的时间内收回投资，意味着投资者面临的未来不确定性因素较少。相反，投资回收期长的项目，在漫长的回收期内可能会面临更多的风险和变数，一旦出现不利情况，投资者可能遭受较大的损失。

3. 投资回收期的缺点

忽略时间价值

我们通常提到的投资回收期实质上是静态投资回收期的概念，这种评价方法没有考虑资金的时间价值，即不同时间点上的相同金额资金具有不同的价值。例如，项目 A 在第 1 年收到的 50 万元和第 4 年收到的 50 万元，虽然金额相同，但实际上第 1 年的 50 万元价值更高，因为它可以更早地用于再投资或其他用途，从而产生更多的收益。

未考虑回收期后的收入

投资回收期法只关注收回初始投资的时间，而忽略了回收期之后项目可能产生的收入。这具有天生的短视性和对长寿命项目的歧视性。例如，项目

B 虽然投资回收期为 3.5 年，但在第 4 年之后可能仍然会持续产生收益，而且这些收益可能非常可观。仅根据投资回收期来评价项目，就无法全面反映项目的真实盈利能力和价值，可能会使投资者错过一些具有长期潜力的优质项目。

标准回收期设定的任意性

在实际应用中，确定一个合理的投资回收期标准是比较困难的，往往具有一定的任意性。不同行业、不同企业、不同项目的特点和风险水平各不相同，因此没有一个统一的、适用于所有情况的投资回收期标准。如果标准设定过低，可能会排除一些虽然回收期稍长但具有较高长期收益的项目；如果标准设定过高，又可能会接受一些实际上风险较大、收益不佳的项目。这种标准设定的任意性会影响投资决策的科学性和准确性。

4. 动态投资回收期的补充

动态投资回收期就是考虑货币时间价值，将项目未来所有净现金流量折现后估算的收回初始投资的时间。

动态投资回收期＝累计折现后的净现金流量首次大于原始投资额的年份－1＋（原始投资额－上一年累计折现后的净现金流量）÷当年折现后的净现金流量

以项目 B 为例，假设折现率为 10%。计算累计折现后的净现金流量：

第 1 年末累计折现后的净现金流量＝45.45（万元）

第 2 年末累计折现后的净现金流量＝45.45＋41.32＝86.77（万元）

第 3 年末累计折现后的净现金流量＝45.45＋41.32＋45.08
＝131.85（万元）

第 4 年末累计折现后的净现金流量＝45.45＋41.32＋45.08＋54.64
＝186.49（万元）

假设第 5 年的净现金流量为 100 万元，

折现后的净现金流量＝100÷$(1+10\%)^5$≈62.09（万元）

第 5 年末累计折现后的净现金流量＝45.45＋41.32＋45.08＋54.64＋

$62.09 = 248.58$（万元）> 200（万元）

动态投资回收期 $= 4 + (200 - 186.49) \div 62.09 \approx 4.22$（年）

5. 动态投资回收期的优缺点

动态投资回收期考虑了资金时间价值，弥补了静态投资回收期的重要缺陷，更符合经济实际。由于考虑了时间价值，折现率的选择会考虑到项目的风险水平，风险越高，折现率越高，从而使得未来现金流量的折现值越低，投资回收期越长。这有助于投资者更全面地认识项目的风险，做出更合理的投资决策。

但是，与静态投资回收期相比，动态投资回收期的计算过程需要进行折现计算，涉及折现率的选择和各年净现金流量的折现，计算量较大，需要一定的财务知识和计算工具。这对于一些小型企业或非专业投资者来说，可能会存在一定的困难，增加了决策的成本和难度。动态投资回收期的结果对折现率的选择非常敏感。不同的折现率会导致不同的折现后净现金流量和投资回收期。而折现率的确定往往受到多种因素的影响，如市场利率、行业风险、企业风险偏好等，具有一定的不确定性。如果折现率选择不合理，可能会导致动态投资回收期的计算结果出现较大偏差，从而影响投资决策的准确性。

8.2.2　平均收益率

平均收益率（average rate of return，ARR），又称会计收益率（accounting rate of return），是项目投资决策中常用的一种评价方法。它是通过计算项目在寿命期内的平均净收益与平均资本占用的比率，来衡量项目盈利能力的指标。

1. 计算公式

$$ARR = \frac{年平均会计利润}{年平均资本占用}$$

其中，年平均会计利润为项目在寿命期内每年的平均净利润；年平均资本占用为项目在整个寿命期内年平均占用的资本。

ARR 越高，一般反映项目的盈利能力越强。

例 8-2

表 8-1 是一个初始投资为 50 万元的项目的相关数据表。试计算该项目的平均收益率。

表 8-1　项目投入产出表（部分）　　　　　单位：元

年数	第 1 年	第 2 年	第 3 年	第 4 年	第 5 年
收入	433 333	450 000	266 667	200 000	133 333
费用	200 000	150 000	100 000	100 000	100 000
折旧	100 000	100 000	100 000	100 000	100 000
息税前利润	133 333	200 000	66 667	0	−66 667
所得税	33 333	50 000	16 667	0	−16 667
税后利润	100 000	150 000	50 000	0	−50 000
投资余额	400 000	300 000	200 000	100 000	0

平均净收益＝（100 000＋150 000＋50 000＋0−50 000）/ 5＝50 000（元）

平均资本占用＝（500 000＋400 000＋300 000＋200 000＋100 000＋0）/ 6
＝250 000（元）

ARR＝平均净收益 / 平均资本占用＝50 000 / 250 000＝20%

2. 优缺点

平均收益率方法计算简单，只需要根据项目的会计利润和投资余额等基本数据，按照上述公式进行计算即可。ARR 易于被企业管理层以及非财务专业的投资者所理解。该方法基于会计利润和账面投资等会计数据进行计算，这些数据通常是企业日常财务核算和报告的一部分，容易获取和核实。

但是，与投资回收期法类似，平均收益率最大的缺陷之一是没有考虑资金的时间价值。忽略了未来收益的时间价值，可能会导致对项目盈利能力的高估或低估。在上述例子中，虽然计算出 ARR 为 20%，但并没有考虑到不同年份利润的实际价值差异。同样的，标准报酬率的设定具有随意性，往往需要投资者结合自身的经验、行业特点和企业战略等因素确定评价。这个标准报酬率的设定往往缺乏客观的依据，具有较大的随意性。

8.2.3　净现值

耶鲁大学教授费雪于 1930 年提出"净现值最大化原则"（principle of maximum net present value），又称为"回报高于成本原则"（the principle of return over cost），它奠定了现代估值方法的理论基础。净现值（net present value，NPV）是指特定方案未来现金流入的现值与未来现金流出的现值之间的差额，是资本预算各种方法中相对最为有效的基础评价方法。

1. 计算公式

$$净现值 = \sum 未来现金流入现值 - \sum 未来现金流出现值$$

其中，计算未来现金流量现值时，需要使用合适的折现率将未来各期的现金流量折现到当前时点。

净现值也可以理解为在项目初始投入之后，未来所创造的所有净现金流现值超出初始投入部分。计算公式也可以表示为

$$净现值 = \sum 未来净现金流现值 - 初始投资$$

$$NPV = \sum_{t=1}^{T} \frac{FCF_t}{(1+k)^t} - I_0$$

其中，T 表示项目寿命期；k 表示反映项目风险的贴现率。

例 8-3

S 公司有一个投资机会，技术可行，但经济上不一定可行。公司对该项目进行财务分析。假设项目初始投资为 100 万元，预计在未来五年内，该项目将会产生一系列的现金流量。为了评估这个项目的财务可行性，以 10% 的贴现率来计算未来现金流量的现值。项目未来预期产生的现金流情况如表 8-2 所示。

表 8-2　项目现金流　　　　　　　　单位：万元

年数	现金流入	现金流出	净现金流量
0	—	100	−100
1	50	10	40
2	60	15	45
3	70	20	50
4	80	25	55
5	90	30	60

计算各年净现金流量的现值：

$$NPV = 36.36 + 37.19 + 37.57 + 37.27 + 37.26 - 100 \approx 85.65（万元）$$

2. 使用净现值的好处

净现值方法与非贴现评价法比较，优势在于考虑了资金的时间价值。上述计算例子中，未来各年的净现金流量按照 10% 的折现率进行折现，体现了越早收到的现金流量价值越高，越晚收到的现金流量价值越低，这更符合经济现实。

例 8-4

两个互相排斥的寿命期都为 5 年的投资项目 A 和 B，初始投资都为 100 万元，资本成本为 10%，未来净现金流序列见表 8-3，该投资哪一个项目？

表 8-3   项目 A 和 B 数据表   单位：万元

年数	投资 A	投资 B
0	−100	−100
1	80	10
2	60	20
3	40	40
4	20	60
5	10	80

从项目的总收益和平均收益率的角度评价，项目 A 和 B 都是无差异的。但是从净现值的角度评价，考虑货币时间价值因素，项目 A 的净现值更高（$NPV_A = 72.24$ 万元，$NPV_B = 49.67$ 万元）。

净现值评估的是投资的价值增量，评估基础是项目未来创造现金流而不是会计收益。会计收益可能会受到会计准则和会计处理方法的影响，而现金流则更能真实地反映企业的资金收支情况和项目的实际盈利能力。

按净现值标准接受的项目会增加公司的价值，这与公司价值最大化的目标是一致的。当一个项目的 NPV 为正数时，意味着该项目能够为公司带来超过初始投资和必要报酬的价值，从而增加公司价值和股东财富。

净现值的评价标准是客观的。所有净现值大于零的项目都代表是可以帮出资人创造价值的好项目。

3. 使用净现值的阻碍

项目的未来现金流受到多种因素的影响，如市场需求、竞争态势、技术变革、宏观经济环境等，这些因素具有很大的不确定性，使得准确预测未来现金流变得非常困难。这限制了净现值的应用普及性。

NPV 计算中需要估算折现率，折现率是与项目的风险水平相对应的。不同的投资者对折现率的看法可能不同，而且准确衡量项目的风险并确定与之对应的折现率并非易事。如果折现率过高，可能会低估项目的价值，导致一些实际上可行的项目被拒绝；如果折现率过低，则可能会高估项目价值，使企业承担不必要的风险。如何确定一个合适的折现率来反映这种风险，并没有一个简单的方法。

与简单的投资评价方法（如投资回收期法）相比，NPV 的概念和计算过程相对复杂，需要投资者具备一定的财务知识和数学基础才能理解和应用。对于一些非财务专业的管理人员或小型企业主来说，可能难以准确把握 NPV 的含义和计算方法，这在一定程度上限制了 NPV 在实际投资决策中的广泛应用。

净现值是基于投资人厌恶风险的基本假定，即认为风险越大，价值越小。在计算 NPV 时，通过提高折现率来反映项目的风险，风险越高，折现率越高，从而降低未来现金流量的现值，进而降低项目的净现值。这种假设在一定程度上符合大多数投资者的风险偏好，但它忽略了有些投资人不是风险厌恶的，甚至是风险喜好的。这导致净现值法则在主动承担风险的情景下适应性受限。

比如对于一些具有战略意义的投资项目，NPV 可能不是唯一的决策依据。例如，企业为了进入一个新的市场、获取新技术或建立品牌形象而进行的投资，这些投资可能在短期内无法产生正的 NPV，甚至可能导致亏损，但从长期战略角度来看，它们可能为企业带来竞争优势、市场份额的扩大或其他战略利益，这些利益难以用货币形式准确量化并纳入 NPV 的计算中。

还有一些不确定性极高的风险投资项目，无法合理预测未来现金流和确定合适的折现率，这时 NPV 的应用就会受到限制。例如，一些处于新兴行业或面临重大技术变革的项目，其未来的发展前景和市场环境存在极大的不确定性，此时使用 NPV 进行评估可能会得出不准确的结果。

在评估项目时，如果 NPV 为负，则意味着该项目未能为出资人带来价值增量，因此从价值创造的角度来看，这不是一个好项目。然而，值得注意的是，NPV 为负并不等同于项目不盈利。一个项目在会计上可能表现为盈利，但在理财投资评估中，由于考虑了资本成本等机会成本因素，其 NPV 可能仍为负。

8.2.4 内部报酬率

1. 内部报酬率的定义

内部报酬率（internal rate of return，IRR），被定义为当项目的净现值等于零时的贴现率。其本质的经济含义是项目寿命期内年平均投资回报率。

$$\text{NPV} = \frac{\sum \text{NCF}_t}{(1+\text{IRR})^t} = 0$$

在理解了净现值法则的含义基础上，内部报酬率的投资决策评价逻辑是什么呢？先来回顾一个技术性问题。

当我们估算项目的净现值时，需要估算贴现率。贴现率的经济内涵是投资人因为在投资过程中承担风险而要求的必要报酬率。那么，在投资人进行项目投资时，承担风险而要求的必要回报率是多高呢？这一部分知识我们在第七章学习过了，就是资本成本的概念。

特 别 提 醒

企业的资本成本不一定等于项目的资本成本，因为两者的风险不一定是等价的，是项目的资本成本决定了企业的资本成本！

所以，内部报酬率的评价逻辑在于：当 IRR 大于项目的资本成本时，该项目被视为一个好项目。因为这意味着项目的平均投资回报率高于企业为该项目融资所需承担的成本。例如，一个项目的 IRR 为 12%，则企业为该项目进行融资时，能承受的最高融资成本也为 12%。若融资成本恰好等于 12%，则项目的 NPV 等于 0，无超额收益可言。

IRR 作为决策标准，其实质是从成本和收益的角度对投资项目进行评价。它简化了 NPV 和 WACC 的估算过程，使投资者能够更直观地了解项目的盈利能力和融资成本之间的关系。

2. 内部报酬率的缺陷

相较于净现值法则，内部报酬率存在三个问题。

内部报酬率评价法可能面临"规则反转"现象。通常情况下，我们认为当 IRR 大于资本成本（k）时，项目可行，因为这意味着项目的收益率高于资金的机会成本，能为企业创造价值，此时净现值（NPV）为正；反之，当 IRR 小于 k 时，项目不可行，NPV 为负。

在一些特殊情况下，这种规则会出现悖反。例如，当项目的现金流呈现出非常规的模式，即现金流在项目周期内出现多次正负交替时，可能会导致出现多个 IRR 值，或者 IRR 与 NPV 的关系不再是简单的单调递减。如图 8-4 所示，可能会出现 IRR 小于 k，但 NPV 却为正的情况，这与我们常规的认知相悖。因为在 NPV 的评价逻辑中，我们通常假设项目先产生现金流出（如初始投资），随后产生现金流入（如项目收益）。然而，某些特殊项目，如租赁决策，企业可能先获得一笔资金用于购买设备，但随后需定期支付租金。在这种情况下，如果直接应用 IRR 进行评价，可能会因为资金流动模式的反转而导致计算结果失真。

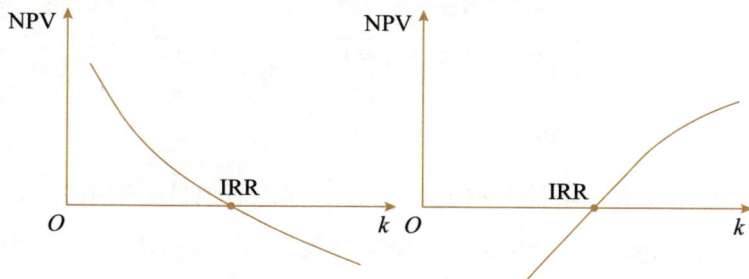

图 8-4　规则背反比较

在运用内部报酬率（IRR）进行投资评价时，可能会遭遇多重根的情况。

这给投资决策带来了一定的复杂性和困扰。

当项目现金流呈现出特定模式时，就可能导致 IRR 出现多个解，即多重根。图 8-5 中初始投资为 100 万元，之后在某个时点有 230 万元 的现金流入，接着又有 132 万元 的现金流出。这种现金流模式使得 IRR 曲线与横轴相交于 10% 和 20% 两个点，即出现了两个 IRR 值。

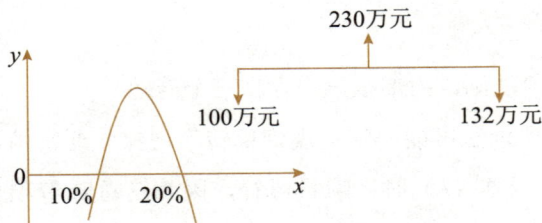

图 8-5   多重根问题

多重根问题会给投资评价带来诸多挑战。IRR 的定义是使项目净现值（NPV）等于零的折现率，而多个 IRR 值使得这一定义变得模糊，投资者难以确定究竟哪个 IRR 值能真正反映项目的实际报酬率。其次，在实际决策中，若仅依据 IRR 来判断项目是否可行，面对多个 IRR 值，投资者可能会不知道该以哪个值作为决策依据。例如，若简单地将 IRR 与资本成本进行比较，当资本成本处于 10%～20% 时，就难以明确项目是否应该被接受。

假设现有两个互斥的投资机会，两个项目的投资规模不同，但是投资期限相同，都为 1 年。忽略时间价值因素，相关数据如表 8-4 所示，在投资者基本不受限的情况下应该如何选择？

表 8-4   项 目 比 较   金额单位：万元

项目	$t=0$	$t=1$	NPV	IRR
项目 1	−10	15	5	50%
项目 2	−100	120	20	20%

从 IRR 角度看，项目 1 的 IRR 高达 50%，而项目 2 的 IRR 仅为 20%，似乎项目 1 更具吸引力。然而，从 NPV 角度分析，项目 2 的 NPV 为 20，项目 1 的 NPV 为 5，项目 2 的 NPV 大于项目 1。

这种不一致情况主要源于 IRR 和 NPV 的本质差异。IRR 是使项目净现值等于零时的折现率，它反映的是项目本身的报酬率，是一个相对指标，未考虑项目的投资规模等因素。而 NPV 是将未来现金流折现到当前时点后与初始投资的差值，它是一个绝对指标，考虑了资金的时间价值和项目的规模等因素，更能体现项目为企业创造的价值。在上述例子中，项目 1 虽然 IRR 较高，但由于投资规模较小，其创造的绝对价值（NPV）相对较低；项目 2 虽然 IRR 较低，但因其投资规模较大，在扣除初始投资后，仍能为企业带来更高的净现值。

当面临这种情况时，投资者应如何选择呢？如果企业资金充裕且追求价值最大化，仅从财务角度看，项目 2 可能是更好的选择，因为它能为企业带来更多的净现值，即更大的财富增加。如果企业资金有限，或者存在其他战略因素，如项目 1 可能与企业现有业务更契合，能带来协同效应等，那么项目 1 也可能成为优先选择。

8.2.5　获利指数

获利指数（profitability index，PI），又称盈利能力指数，是指项目价值与初始投资的比率，项目价值是项目初始投资后未来各期预期净现金流的现值和，是初始投资加净现值的和，所以项目获利指数也可以表述为项目净现值与项目初始投资的比值加 1。

$$PI = \frac{PV}{I_0} = \frac{\sum_{t=1}^{n} CF_t(1+k)^{-t}}{CF_0} = 1 + \frac{NPV}{I_0}$$

PI 与净现值（NPV）有着内在的紧密联系，通常会得到同样的结果。当 PI 大于 1 时，意味着 NPV 为正，项目能够为企业创造价值，值得投资；反之，当 PI 小于 1 时，NPV 为负，项目不应被接受。

PI 的概念相对简单直观，它是一个比率形式，容易被投资者、管理层以及其他利益相关者理解和接受。获利指数评价了单位资本投入创造价值的能力，所以在面对多个独立项目时，PI 可以有效地帮助企业进行项目的优先排序。企业可以根据 PI 的大小，优先选择那些 PI 较高的项目进行投资，因为这意味着在相同的资金投入下，这些项目能够带来更高的相对收益。

例 8-5

假设有两个项目 A 和 B，两个项目的相关现金流和净现值与获利指数的评价结果如表 8-5 所示（单位：万元，折现率为 10%），应该如何选择？

表 8-5   净现值和获利指数比较

项目	CF_0	CF_1	CF_2	CF_3	NPV	PI
项目 A	−100	50	60	70	47.73	1.47
项目 B	−80	40	50	60	42.73	1.53

在这个例子中，项目 A 和 B 的 PI 都大于 1，对应的 NPV 也都为正数，这表明两者在判断项目是否可行上是一致的。

但是，如果在投资资金有限的情况下，获利指数能够提供更有价值的决策依据。它考虑了项目的规模因素，通过比较不同项目的 PI，企业可以在有限的资金范围内选择那些单位投资能够带来最大现值收益的项目。

尽管 PI 与 NPV 通常结果一致，但在互斥项目的比较中，可能会出现与 NPV 判断相悖的情况。上面例子中，基于净现值法则和获利指数评价法选择会出现不一致的情况。如果资本不受限，净现值可以是重要的选择依据；但如果资本受限，应该选择获利指数更高的项目。

8.3   投资决策敏感性分析

8.3.1   敏感性分析逻辑

敏感性分析（sensitivity analysis）探讨当项目相关的某些因素不像原来预期那样发展时，会对项目盈利产生怎样的影响。

在项目投资过程中，存在诸多不确定性因素，如市场需求、产品价格、成本结构、利率、税率等，这些因素的变化可能会对项目的净现值（NPV）、内部收益率（IRR）等关键指标产生重大影响。通过敏感性分析，投资者可以量化这些因素的变动对项目盈利能力的影响程度，从而更清晰地了解项目所面临的风险状况。例如，一个新建工厂的项目，若原材料价格大幅上涨，可能会导致生产成本增加，敏感性分析可以帮助投资者提前预估这种风险给项目带来的影响。

敏感性分析通常有单要素、两要素和多要素三种。

单要素敏感性分析是指假设每次只变动一个影响因素，而其他因素保持不变，分析该因素变动对项目评价指标（如 NPV、IRR 或 PI）的影响程度。具体步骤如下：

（1）确定需要分析的关键因素，如初始投资、销售收入、经营成本、折现率等。

（2）设定因素的变动范围，通常以基准值为中心，上下浮动一定的百分比，例如 ±10%、±20% 等。

（3）针对每个因素，在其变动范围内依次计算项目评价指标的变化值。

（4）绘制敏感性分析图，以因素变动百分比为横轴，项目评价指标为纵轴，将每个因素变动下的评价指标值连接成线，直观地展示各因素对项目盈利能力的影响程度。斜率越大，表示项目对该因素的敏感性越高。

例 8-6

假设某项目的初始投资为 1 000 万元，预计使用寿命为 5 年，每年的销售收入为 800 万元，经营成本为 300 万元，折现率为 10%。现对销售收入进行单要素敏感性分析，设定销售收入在基准值的基础上浮动 ±10%、±20%，计算不同销售收入变动下的 NPV，数据如表 8-6 所示。

表 8-6　项目销售额及净现值变化

变动比率	−20%	−10%	0	10%	20%
销售额 / 万元	640	720	800	880	960
净现值 / 万元	−235.24	72.38	380	687.62	995.24

两要素敏感性分析是在单要素分析的基础上，同时考虑两个因素的变动对项目评价指标的影响。其目的是考察两个因素之间的交互作用以及它们对项目的综合影响。

多要素敏感性分析则是考虑多个因素同时变动对项目的影响，它更加贴近实际情况，但计算过程也更为复杂。通常采用计算机模拟等方法来进行。

8.3.2　敏感性分析的局限性

虽然敏感性分析能够揭示项目对不同因素的敏感程度，投资者可能会因为看到某些因素在较大范围内变动时项目仍具有一定的盈利能力，而产生一种安全错觉，认为项目风险可控。

敏感性分析通常是孤立地考察每个因素的变动对项目的影响，而忽略了因素之间的相关性。在现实中，许多因素之间是相互关联的，一个因素的变化可能会引发其他因素的连锁反应。例如，原材料价格上涨可能不仅会直接导致经营成本增加，还可能因为企业试图转嫁成本而提高产品价格，进而影响产品的市场需求和销售收入。这种因素之间的交互作用在敏感性分析中难以完全体现，可能会导致对项目风险的低估或高估。

此外，敏感性分析也没有考虑到因素变动的时间顺序和动态性，而实际项目中，因素的变化可能是随着时间推移而逐渐发生的，并且不同阶段因素的影响程度也可能不同。

敏感性分析的目的不仅在于识别敏感性因素，更在于为决策者提供关于项目风险的重要信息。敏感性分析是项目评价中不可或缺的一部分，无论采用何种评价方法，都应进行敏感性分析以识别潜在风险。

8.4　投资项目机会价值分析

投资项目的机会价值指的是管理决策的灵活性所带来的价值。那么，如何正确地评估投资项目的机会价值？管理选择权（managerial option）理论突破了传统净现值评价法的局限性，为决策者准确评估项目的机会价值提供了新的思路，使得投资决策分析变得更科学。

8.4.1　管理选择权相关概念

在财务学领域，选择权（option）一词习惯被译为期权，这实际上是不同的，因为这种译法容易使人们误认为"option"只是一种金融衍生工具，与"期货"相对应。事实上，"option"的内涵体现了管理中的相机决策思想，是管理灵活性的有效工具。

传统的投资决策是一种刚性决策。所谓刚性决策，是遵循以下思路进行的：首先，通过对手中所掌握的相关信息的分析，对决策的各种可能结果及其发生率做出充分的估计；其次，在此基础上，对决策的未来进程做出明确的预测。根据上述预测，决策者立即做出相应的选择——"做"与"不做"，然后按照既定的方案实施。特别要指出的是，刚性决策意味着一旦决策付诸实施，决策者就只能处于被动的地位，坐视环境的变化而束手无策。

然而，我们所处的世界正在变得越来越复杂和不确定，仍然相信未来是可以预测的假定显然只能是自欺欺人。决策环境的不确定性突出了决策弹性的重要性。所谓决策的弹性是相对于决策的刚性而言的，即它强调决策不是静态的选择，而是一个动态的过程，并具有多阶段性。对于某一个投资项目，如果决策者能够根据变化的内外部环境做出实时的、适当的调整策略，显然能够提高公司的竞争能力，从而更有利于价值创造。这种应变能力通常被描述为管理选择权，它是决策灵活性的另一种说法。

管理选择权，或者叫作实物期权（real option），它指的是决策者所具备的相机决策的能力。

8.4.2 项目机会价值的来源

投资项目的机会价值通常表现为项目中隐含的一系列管理选择权所带来的价值。在众多管理选择权之中，最主要的有：延迟投资选择权、扩张选择权与收缩选择权、转换选择权、放弃选择权。

1. 延迟投资选择权

在实践中，任何一项投资决策都是建立在信息基础上的，即根据现有信息对投资价值进行估计。由于未来的不确定性，决策者所掌握的决策信息往往是不充分的，由此得到的投资决策分析结果可能是不正确的。但是，投资价值估计的准确性会随着新信息的不断获得而得到提高和改善。

富兰克林有一句名言："为什么可以推到明天做的事非得今天做不可呢？"对于一项投资，特别是重大投资，如果允许的话，适当延迟做出决策往往是有必要的。因为在等待的过程中，可以不断获得有关该投资的新信息，从而提高对该投资项目价值估计的精确性和可靠性，为正确的决策创造更好的条件。延迟决策的可能性就是所谓的延迟投资选择权，它赋予决策者进一步收集信息的时间，因而是有价值的。

不过，延迟投资选择权并不是投资项目本身固有的，它往往需要决策者去刻意构造。以原油开采为例。假设在某个沙漠地区发现了大量的原油储备。对于石油公司来说，它可以立即买下这片土地，然后进行大规模的开采。而做出这一决策的前提是对该油田的原油储存量、未来的原油价格和开采成本等重要因素的预测，以及基于这些预测对项目未来的现金流量和油田价值的估计。显然，由于未来是不确定的，这种预测和估计难免出错，而基于这种错误预测的决策一旦实施，很可能给公司带来灾难性的后果。

考虑到上述问题，公司可以采取另一种做法，即暂缓大规模投资，而是通过土地租赁的办法获得局部开采试验的权利。这样，既可以通过勘探试验来掌握原油储备量的准确资料，又可以有充分的时间进一步获得有关原油价格等方面的相关信息，以改善决策的信息基础。

2. 扩张选择权与收缩选择权

由于未来是不确定的，实际的市场需求可能与原先的预期产生偏差。与此相对应，公司能否根据这一偏差调整原计划的投资规模（以产量为代表）是十分必要的。例如，如果市场比原先预期的要好，应适当扩大投资规模。反之，如果市场比原先预期的要差，则有必要适当收缩投资规模。我们把在项目实施过程中能够根据外部市场条件的变化适当扩大投资规模的能力称为扩张选择权，而适当收缩投资规模的能力则称为收缩选择权。

扩张选择权不仅可以为投资项目创造机会价值，而且在某些场合下还具有战略意义。例如，房地产开发企业可以通过购买一大块闲置的土地构造一个扩张选择权，以期在未来市场需求明朗后再进行大规模的开发。收缩选择权的作用恰好与扩张选择权相反，它的存在为企业在市场条件向不利方向发展时避免重大损失提供了可能。

3. 转换选择权

投资项目的转换有两层含义：一是项目投入要素的转换，二是项目产品的转换。以投资建设一家炼油厂为例，其运营所需的能源由燃油转为煤气或电力的过程是投入要素的转换，而其从生产汽油转为生产润滑油的过程则是产品的转换。显然，转换的需求是因为外部市场条件的变化而产生的，而主动转换的结果有利于公司的价值创造。例如，如果现在使用的某种投入要素的价格出现较大幅度的上涨，则可以用其他价格相对较低的要素替代，将有助于减少生产成本。又如，当产品市场供求关系或价格波动较大时，产品的转换有助于公司根据市场的变化实时调整项目的产品组合，从而增加销售收入。

如果在投资项目运营过程中，公司能够根据外部环境的变化，以较低的成本方便地进行上述投入要素或产品的转换，则我们说该项目中包含了转换选择权。显然，转换选择权的存在提供了项目营运的机动性，从而为公司适应竞争环境的变化创造了有利的条件。同样，未来市场变化越不确定，转换选择权的价值就越大。

4. 放弃选择权

放弃选择权是指公司有能力在投资项目进展过程中，以较低的代价中止投资，将项目资产变卖或转向其他有价值的项目。显然，主动放弃投资是公司利益驱动的结果。如果由于环境或其他原因，项目不能按预期创造价值，而是损害价值，此时及时中止投资，并以最低的成本退出，可以避免更大的损失。因此，面对未来不确定的现实，拥有放弃选择权是十分重要的，它意味着及时止损，避免更大的损失。

放弃选择权的大小通常是用放弃成本的大小来度量的，后者又取决于项目资产的变现能力。不同资产的变现能力是不一样的，其中现金等金融资产的变现能力最强，固定资产的变现能力较弱。在固定资产中，通用性资产的变现能力又明显强于专用性资产。因此，在做投资决策时采取轻资产战略是创造放弃选择权的主要方式，如与供应商不签订长期合同；少雇用长期员工，多雇用短期员工；通过短期租赁获得生产设备使用权，而不是大量购买固定资产；投资资金分阶段投入，而不是一次性完成。

8.4.3　决策灵活性的价值贡献

我们下面看一个例子，理解灵活性对项目价值的贡献。

例 8-7

AM 公司正处于发展的关键阶段，公司管理层正在考虑一个重要的战略举措 —— 建立一间新工厂。该项目的投资额为 1 亿元，这对于公司而言是一项重大的资金投入，需要谨慎决策。经理面临着两种选择：一是当下立即投资建厂，二是等待一年后再根据当时的市场情况和公司状况决定是否投资。与此同时，公司所面临的机会成本是 5%。

公司对未来面临的经济环境进行了预测。若项目马上执行，第一年可以获得稳定收益 1 000 万元，但之后的收益情况将受到多种不确定因素的影响而发生变动。经过分析，公司预计未来经济形势存在两种可能性，且每种可能性发生的概率均为 0.5。

如果项目立刻执行，当经济形势向好时，从第二年起每年的收益将增加至 1 500 万元；而当经济形势不佳时，从第二年起每年的收益则仅为 250 万元。

如果选择等待一年，那么在这一年中，公司将根据第二年的经济情况再决定是否投资。当经济形势好时，公司将实施建厂计划，此时，从建厂后的第二年起每年预计可获得收益 1 500 万元；若经济形势不佳，公司则放弃该项目，不会进行投资建厂。

如果立刻投资，

$$\text{NPV} = [0.5 \times (1\,000 + 1\,500/0.05) + 0.5 \times (1\,000 + 250/0.05)]/1.05 - 10\,000$$
$$= 7\,619（万元）$$

从计算结果可以看出，立刻执行项目的净现值为 7 619 万元，这表明如果公司当下就投资建厂，在不考虑其他因素的情况下，该项目从财务角度来看是具有一定价值的，能够为公司带来正的净现值。

如果等待一年，

$$\text{NPV} = 0.5 \times [(1\,500/0.05 - 10\,000)/1.05]$$
$$= 9\,524（万元）$$

通过计算可知，等待一年后再根据经济形势决定是否投资的净现值为
9 524 万元，明显高于立刻执行项目的净现值。

在这个案例中，等待一年的选择权就如同一个实物期权。它赋予了公
司在未来根据市场情况灵活决策的权利，而这种权利是具有价值的。虽然立
刻执行项目也能带来正的净现值，但等待一年后再做决定能够创造更高的价
值。这是因为等待的过程中，公司可以获取更多关于市场和经济形势的信
息，从而降低投资风险。如果经济形势向好，公司可以选择投资建厂，获取
更高的收益；如果经济形势不佳，公司则可以放弃投资，避免不必要的损失。

与传统的净现值法等投资决策方法相比，实物期权充分考虑了投资项目
中蕴含的灵活性和不确定性所带来的价值。灵活性还体现在企业对投资项目
的动态管理上。当市场需求超出预期时，企业可以灵活地扩张项目规模，增
加产能或拓展市场，以获取更多的利润。当市场环境恶化或项目进展不如预
期时，企业可以缩小项目规模，减少资源投入，甚至暂停或中止项目，以避
免更大的损失。但是传统的基础评价法都是基于刚性决策的假定，忽略了项
目未来变化可能有的价值。

灵活性本质上是企业拥有的一系列选择权。这些选择权就像一把把钥
匙，为企业打开了应对不同情况的大门。无论是投资决策中的实物期权，还
是融资决策中的可转换证券、可赎回债券等，都赋予了企业在未来根据市场
变化和自身情况做出不同选择的权利。

8.4.4　实物期权投资评价法

如前所述，以净现值评价法为代表的传统投资评价方法没有考虑在不确
定性条件下管理选择权的价值，因而忽略了投资项目的机会价值。在许多场
合，这种忽略往往是致命的，它导致一些高风险投资项目价值的低估，从而
使企业失去了很多有价值的投资机会。

选择权理论很好地弥补了传统项目评价方法的不足。该理论的核心思想
是，一个投资项目的价值由两部分构成：一部分来自项目直接产生的现金流
量；另一部分为项目隐含的选择权价值，即

投资项目的价值＝NPV 价值＋项目所含的选择权价值

如果一个项目的 NPV 小于零，并不代表项目不具有价值。如果把项目中包含的选择权价值考虑进来，就有可能使传统 NPV 为负的项目成为能为企业创造价值的好项目。

需要指出的是，任何权利的拥有都不是天生的，也不能靠他人的恩赐，决策过程中的选择权也不例外。为了拥有选择权，决策者往往需要支付一定的代价。用财务的语言，这种代价即权利金。因此，是否需要拥有某种选择权依赖于对该项选择权本身价值的估计。只要一项选择权的价值大于权利金，则有必要获得该项选择权。

本章思考题

1. 简述投资决策过程包括哪几个主要阶段，各阶段的核心任务是什么？

2. 项目现金流分为哪几种类型？

3. 投资回收期是如何计算的？这种方法在评估投资项目时有哪些优缺点？

4. 平均收益率的计算公式是什么？为什么它在投资决策中具有一定局限性？

5. 净现值法的基本原理是什么？如何根据净现值判断一个投资项目是否可行？

6. 内部报酬率的含义是什么？如何通过内部报酬率与企业资金成本的比较来做投资决策？

7. 获利指数的计算式包含哪些要素？它与净现值法相比，在投资决策应用中有何不同？

8. 敏感性分析在投资决策风险分析中是如何操作的？举例说明对一个项目的销售收入进行敏感性分析的步骤。

9. 实物期权在战略性投资中有什么作用？列举两种常见的实物期权类型。

10. 实物期权投资评价法与传统投资评价法相比，最大的区别是什么？

第 9 章
价值创造的度量与实践

2018 年，新兴科技领域蓬勃发展，智能穿戴设备成为市场新宠。"LYOU科技"，一家专注于智能运动手环研发与生产的创业公司应运而生。凭借着几款设计新颖、功能实用的运动手环产品迅速在市场上打开了销路，公司营收从成立之初的数百万元在短短两年内增长至超 5 000 万元，增长能力强劲。

公司为追求快速扩张，大量投入资金用于生产设备更新、营销渠道拓展以及新品研发。净利润逐年递增，但现金流却时常捉襟见肘。为了抢占市场份额，公司给予经销商极为宽松的账期，大量应收账款积压，导致资金回笼缓慢；同时，研发投入持续攀升，新功能的开发和产品迭代耗费了巨额资金，使得运营成本居高不下。出资人发现，看似丰厚的利润背后，自己的资金成本并未得到有效覆盖，财富并没有实质性增长。消息逐渐在投资圈传开，投资人的不满情绪日益高涨。许多投资人开始抛售手中持有的股票。

本章学习目标

- 理解价值与价值创造的概念内涵。
- 熟知价值创造的各类影响因素。
- 掌握度量价值创造的方法。

- 明确价值创造的驱动因素有哪些。
- 领会基于价值创造的管理逻辑。

9.1 价值与创造价值

9.1.1 价值创造的内涵

我们前面 8 章都在学习以企业价值最大化为目标的公司理财的相关决策逻辑。现在我们需要进一步思考一个问题，企业实现了价值的提升，是不是代表企业创造了价值？

企业价值和价值创造是两个相互关联的概念。理解它们之间的区别有利于管理者完善科学决策的逻辑。

如第 1 章的内容，企业价值是对企业未来创造收益流能力的预期，而企业未来创造收益的能力是在现有投资的基础上实现的。所以，一个企业的价值可以理解为当前投入与未来价值创造增量的和。

企业价值＝投入资本＋未来创造的价值增量

那么，企业价值最大化就有两个路径可以实现：增加资本投入和价值增量。企业可以通过增加投入来扩大生产规模、拓展业务领域或进行并购等活动，从而提升企业的价值。例如，企业进行大规模的固定资产投资，建设新的生产基地或购置先进的生产设备，这可能会带来产量的增加和市场份额的扩大，进而提高企业的销售收入和利润水平。从市场价值的角度来看，企业的资产规模和潜在盈利能力的提升可能会使投资者对企业的未来预期更为乐观，从而推动企业的资本市场价值上升。然而，这种通过投入增加实现的企业价值提升并不一定意味着企业的价值创造能力增强。

如果企业的价值提高是通过增加资本投入实现的，特别是在增加资本投入的同时，企业未来创造的价值增量反而下降，那么新投资的资本尽管帮助企业实现了价值最大化，但却没有创造价值。价值创造是指企业通过其经营活动、投资决策和资源配置，使得企业的价值得以增加的过程。价值创造的核心在于企业能够有效地利用投入的资源，产生超过资源成本的回报。这不仅仅体现在利润的增长上，更重要的是要考虑到资本成本的因素。只有当企业的投资资本回报率（ROIC）大于加权平均资本成本（WACC）时，企业才真正实现了价值创造。

例 9-1

假设一家企业自初始阶段投入了 1 000 万元资金开始运营，三年后取得了显著的成效，被市场估值为 5 000 万元。这家企业的运营无疑是成功的，实现价值提升的同时也实现了价值创造。由于运营良好，吸引了众多投资者的关注。企业为扩展规模引进了战略投资人，额外投入了 4 000 万元。三年后，市场价值增长至 7 000 万元。请你比较一下该企业前后两个三年价值创造的能力。

从市场价值的增长来看，引进战略投资确实是一次成功的投资，实现了企业价值提升，市场价值从 5 000 万元变为 7 000 万元。但是，第三年末，公司用 1 000 万元的投入创造了 4 000 万元的价值增量，而到第六年末，公司用 5 000 万元（第一年的 1 000 万元和第四年追加投入的 4 000 万元，不考虑投资资本的货币时间价值）的投入仅创造了 2 000 万元的价值增量。

因此，我们可能会发现一个问题：实现价值最大化的目标和实现财富增值的目标可能并不一致。也就是说，即使公司的价值在不断上升，但这不一定代表创造价值的能力也在增强，甚至有可能是在损害价值。

所以，我们需要进一步深入理解企业价值创造的逻辑，在此之前，首先需要了解价值创造的度量方法。

9.1.2　价值创造的度量

投资人通常有两种常见的度量方法：附加市场价值（MVA）和经济增加值（EVA），它们从时点和时段不同视角对企业价值创造进行度量。

1. 附加市场价值（MVA）

MVA 反映了某一时点企业价值创造或损害情况，一段时期内 MVA 的变化也能体现该时期的价值创造或损害状况。

$$MVA = MV - IC$$

其中，MV 是指公司在资本市场上的总市场价值；IC 是股东和债权人投资于公司的资本数量。

类似的逻辑，可以度量企业在某个时点为股东创造的附加市场价值（MVA_E）：

$$MVA_E = MV_E - IC_E$$

其中，MV_E 是指股东权益在资本市场上的总市场价值；IC_E 是股东出资的资本数量。

类似的逻辑，可以度量企业在某个时点为债权人创造的附加市场价值（MVA_D）：

$$MVA_D = MV_D - IC_D$$

其中，MV_D 是指公司债务性资本在资本市场上的总市场价值；IC_D 是债权人出资的资本数量。

因为 $MV = MV_E + MV_D$，$IC = IC_E + IC_D$，所以，企业的附加市场价值可以进行分解：

$$MVA = MVA_E + MVA_D$$

企业创造价值的能力 MVA 也可以理解为企业的出资人对企业的投资资本的账面价值与市场价值的差额，MVA 为正，表明企业通过经营活动和市场表现，为股东和债权人创造了额外的价值，意味着企业的市场价值超过了投入的资本，企业在市场上具有较高的认可度和竞争力；MVA 为负，则说明企业的市场价值低于投入资本，正在损害出资人的财富。

例 9-2

ABC 公司是一家专注于软件开发和信息技术服务的高科技企业。公司成立于 2010 年，正计划进行一轮融资以支持其扩张计划。外部投资人要对其价值创造能力进行评价，首先获取了资本市场相关的简要信息，见表 9-1。请帮助 ABC 公司评估其价值创造能力。

表 9-1　ABC 公司资本相关数据

项目	数值
市场价值（MV）	5 亿元
投资资本（IC）	3 亿元
加权平均资本成本（WACC）	10%

$$MVA = MV - IC$$

$$MVA = 5 - 3 = 2（亿元）$$

ABC 科技有限公司通过其业务运营和市场表现，成功地创造了 2 亿美元的市场增加值。这表明公司不仅覆盖了其资本成本，还为股东创造了额外的价值。这一指标对于潜在投资者来说是一个积极的信号。

2. 经济增加值（EVA）

EVA 又称为经济利润，衡量企业在一段时间内是否创造了价值。侧重于从企业经营活动的回报与资本成本的关系角度，更全面地反映企业的真实盈利能力。

即经济增加值 =（投入资本回报率 - 资本成本率）× 投入资本

即

$$EVA = (ROIC - R_{WACC}) \times IC$$

其中，投资回报率 ROIC 是企业税后息前收益与投入资本比例，即 $ROIC = \dfrac{EBIT \times (1-t)}{IC}$；资本成本率 R_{WACC} 是企业融资的加权平均资本成本；投资资本 IC 是企业出资人向企业投入的全部资金。

经济增加值也可以通过下面的公式计算：

$$EVA = NOPAT - IC \times R_{WACC}$$

其中，NOPAT 为税后净营业利润。

EVA 为正，说明企业在评价周期内的投资回报率高于资本成本率，企业在经营过程中有效地利用了资本，创造了额外的经济价值。EVA 为负，则意味着企业的投资回报率低于资本成本率，企业的经营活动未能弥补资本成本，在损害出资人的价值。

例 9-3

D 公司是半导体行业企业，主营液晶面板及 OLED 显示器件，广泛应用于手机、电视、电脑等领域。公司近年来持续扩大产线规模，2018—2022 年累计资本支出超 2 000 亿元。然而，面板行业周期性波动剧烈，外部投资人对其真实价值创造能力产生质疑。请评价 D 公司 2023 年的价值创造能力。公司 2023 年相关财务数据如表 9-2 所示。公司当前面临的资本市场环境是贝塔系数为 1.2，平均市场风险溢价为 5%，无风险收益水平为 3%。

表 9-2　D 公司 2023 年财务数据　　　　　　　　单位：亿元

项目	数值	说明
营业收入	2 178	面板销售为主
净利润	102	含政府补助及资产处置收益 42 亿元
研发费用	126	其中 30% 资本化
利息支出	58	债务融资成本
股东权益账面价值	1 750	
有息负债	1 000	含短期借款与长期债券
所得税率	25%	

计算税后净营业利润时需要进行一些调整，剔除非经常性损益、资本化研发费用等费用。

本例中，需要调整项为：

加回资本化研发费用：126 亿元 × 30% = 37.8（亿元）

剔除非经常性损益（政府补助 + 资产处置收益）：42 亿元

在净利润的基础上计算税后净营业利润为：

NOPAT = 净利润 + 利息支出（1 − 税率）− 非经常性损益 + 资本化研发费用 = 141.3（亿元）

资本总额 = 股东权益 + 有息负债 = 1 750 + 1 000 = 2 750（亿元）

估算加权平均资本成本：

股权资本成本（CAPM 模型）= 3% + 1.2 × 5% = 9%

平均债务资本成本 = 利息支出 / 有息负债 = 58 / 1 200 ≈ 4.83%

权重：

$$股权占比 = 1\,750\,/\,2\,750 \approx 63.6\%$$

$$债务占比 = 36.4\%$$

$$R_{\text{WACC}} = 63.6\% \times 9\% + 36.4\% \times 4.83\%(1 - 0.25) = 7.04\%$$

最后得到：

$$EVA = 141.3 - 2\,750 \times 7.04\% = 141.3 - 193.6 = -52.3（亿元）$$

尽管 D 公司报告了 102 亿元的净利润，但经济增加值 EVA 却为负的 52.3 亿元，这实际上意味着 D 公司在损毁股东的价值。

导致这种结果的原因可能是资本成本过高，或者投资回报率太低。具体来说，加权平均资本成本 WACC 为 7.04%，而资产回报率仅为 5.14%，这表明 D 公司在资本使用上存在效率低下的问题。

与传统的净资产收益率 ROE 和净利润等指标相比，EVA 在价值评价中考虑了资本成本，将风险因素纳入企业价值创造能力的评价体系，因此更能反映企业真实的价值创造能力。

> EVA 鼓励企业注重长期价值创造，而不是仅仅追求短期的利润增长。

3. 两种度量方法的逻辑关系

MVA 和 EVA 都围绕企业价值创造展开度量，但侧重点有所不同。MVA 是从市场整体对企业价值的评估角度出发，直接反映市场对企业价值创造的综合判断，其数值受到市场预期、行业竞争、宏观经济环境等多种因素影响。而 EVA 更聚焦于企业内部经营活动的价值创造能力，通过计算投资回报率与资本成本率的差异，衡量企业经营活动是否真正为股东创造了经济价值。EVA 是价值创造的源泉：企业通过运营效率（NOPAT）和资本成本控制（WACC）实现当期价值创造。

企业的价值是资本市场基于对企业未来每年创造收益能力预期评估的。所以，企业每年价值创造的能力是企业总价值创造能力的基础。企业持续创造正的 EVA，表明其经营活动具有较高的价值创造能力，这往往会提升市场对企业的预期，进而推动资本市场价值上升，促进 MVA 的增加；反之，如果企业 EVA 长期为负，可能导致市场对企业的信心下降，资本市场价值降低，MVA 也会随之减少。

MVA 是市场的定价结果，反映投资者对未来 EVA 的折现预期，直接决定总市场价值的高低。MVA 本质是未来所有 EVA 的现值之和，体现市场对企业持续价值创造能力的信任。

$$MVA = \sum_{t=1}^{\infty} \frac{EVA_t}{(1+R_{WACC})^t}$$

> **MVA 是市场对企业能否持续"放大基础"的投票。**

9.2 基于价值创造的驱动因素

9.2.1 价值创造能力的再分解

基于上一节企业价值创造能力的度量方法的学习，我们可以说企业价值是由投入资本和附加市场价值构成，其中附加市场价值是对企业未来每年价值创造能力的总体预期，也可以表述为 MVA 等于未来所有 EVA 的现值和。

1. 当前运营价值（COV）

企业每年创造价值的能力与企业的战略选择、投融资决策及市场环境息息相关，因为内外部环境的不同发生波动。为此，需要了解另外的价值创造能力的度量方法，当前运营价值（COV）和未来增长价值（FGV）。

当前运营价值，反映了企业基于当前运营状况所创造的价值。它是企业价值创造的基础部分，体现了企业在现有资源和运营模式下的盈利能力。对于传统制造业企业而言，COV 可能占据其市场价值的较大比例。这些企业通过优化生产流程、降低成本、提高产品质量等方式来提升当前的 EVA，进而增加 COV。

2. 未来增长价值（FGV）

未来增长价值，是企业市场价值高出当前运营价值的部分。它反映了市场对企业未来增长潜力的预期。在竞争激烈的商业环境中，企业的可持续增长能力是其价值创造的关键因素之一。例如，一家科技初创企业可能当前的运营收入并不高，但其拥有独特的技术和创新的商业模式，市场预期其未来能够实现快速增长，因此其市场价值中很大一部分将由 FGV 构成。

$$MV = IC + MVA = COV + FGA$$

从财务角度来看，FGV 是企业未来 EVA 增长部分的折现。这意味着企业需要不断投入资源进行研发、市场拓展和人才培养等活动，以推动未来 EVA 的增长。企业在追求价值创造时，需要兼顾当前运营能力和未来增长能力。

基于企业 MVA 和 EVA 的关系，企业价值创造能力的度量可以表达为下列公式：

$$MVA = \sum_{t=1}^{\infty} \frac{EVA_t}{(1 - R_{WACC})^t}$$

如果假设企业每年创造价值的能力维持一个固定比率 g 的增长，那么企业当前运营价值为：

$$COV = \sum_{t=1}^{\infty} \frac{EVA_0}{(1 - R_{WACC})^t} + IC$$

其中，EVA_0 是企业当前投入和运营能力决定的每年价值创造的能力。

企业未来增长价值为：

$$FGV = \sum_{t=1}^{\infty} \frac{\Delta EVA_t}{(1 - R_{WACC})^t}$$

其中，ΔEVA_t 是企业每年价值创造的增长部分。

9.2.2　价值创造的影响因素

企业价值可以分解为当前运营价值和未来增长价值的分析逻辑告诉我们，在追求价值创造最大化的目标时，增长能力是非常重要的影响因素。以企业价值固定永续增长的假设为例，企业价值创造能力为：

$$MVA = \frac{EVA_0(1 + g)}{R_{WACC} - g}$$

代入经济增加值的计算公式：

$$EVA = (ROIC - R_{WACC}) \times IC$$

因此，企业附加市场价值可以表示为：

$$MVA = \frac{(ROIC - R_{WACC})}{R_{WACC} - g} \times IC \times (1 + g)$$

我们可以看到影响企业价值创造能力的因素主要来源于三个方面：资本效率、增长能力和投资规模。

资本效率是指企业投入资本回报率和资本成本率的差，资本效率实质上是衡量企业运用资本进行价值创造的效能，它揭示了企业如何高效地利用有限的资本资源来实现价值的最大化。所以，资本效率对企业价值创造能力影响至关重要。根据计算公式：

经济增加值 = 资本效率 × 投入资本

当资本效率为正，即投入资本回报率大于资本成本时，意味着企业运用资本创造的收益超过了获取资本的成本，此时企业创造了价值。正的回报率差越大，企业每年创造价值能力越强，企业的价值也就越高。相反，当资本效率为负，企业运用资本所获得的收益不足以弥补资本成本，企业的价值遭到损害。

增长能力，正如前文所提到的，它是企业未来价值增长的关键动力。一个具有强劲增长能力的企业，能够保持持续的竞争优势，实现长期稳定的发展。但是，单纯的企业增长并不一定能创造价值，只有在回报率差为正的前提下，增长才具有积极意义。如果企业在低资本效率的情况下盲目追求规模扩张，可能会导致投入资本的增加速度超过价值创造的速度，从而损害企业的整体价值。

本章思考题

1. 简述价值创造的概念，它与单纯的利润创造有何不同？

2. 列举至少三个影响价值创造的因素，并简要说明其作用机制。

3. 简述风险因素对于企业价值创造的影响逻辑。

4. 在度量年度价值创造时，通常采用哪些财务指标？举例说明其计算方式。

5. 如何通过股价表现等因素度量市场价值创造？请阐述基本思路。

6. 价值创造的驱动因素有哪些？举例说明。

7. 基于价值创造的管理逻辑，企业在资源配置方面应遵循什么原则？

8. 从员工管理角度出发，如何通过激励措施促进企业价值创造？

附录

中英文术语表

英文	中文	缩写
Accounts payable	应付账款	AP
Accounts receivable	应收账款	AR
Adjusted present value	调整后现值	APV
Asset	资产	—
Asset beta	资产 β 值	—
Asset multiple	资产乘数	—
Asset turnover or turns	资产周转率	—
Average collection period	平均收款期	—
Average payment period	平均付账期	—
Balance sheet	资产负债表	BS
Beta（coefficient）	β 系数	—
Book value of asset	资产的账面价值	—
Book value of equity	所有者权益的账面价值	—
Business risk	经营风险	—
Call option	看涨期权	—
Capital asset pricing model	资本资产定价模型	CAPM
Capital assets	资本性资产	—
Capital budgeting decision	资本预算决策	—
Capital employed	占用资本	—
Capital expenditure	资本支出	Capex
Capital investment decision	资本投资决策	—
Capital turnover	资本周转率	—
Cash earnings	现金收益	—
Cash - earnings multiple	现金收益乘数	—

续表

英文	中文	缩写
Cash flow from project	项目现金流	—
Cash flow statement	现金流量表	—
Convertible bond	可转换债券	—
Cost of capital	资本成本	—
Cost of debt	负债成本	—
Cost of equity	权益成本	—
Current assets	流动资产	CA
Current liabilities	流动负债	CL
Current ratio	流动比率	—
Days of sales outstanding	平均收账期	DSO
Debt ratio	债务比率	—
Debt-to-equity ratio	负债与权益比率	D/E ratio
Depreciation	折旧	—
Discount rate	折现率	—
Discounted cash flow	折现现金流量	DCF
Discounted payback period	折现回收期	—
Diversifiable risk	可分散风险	—
Dividend discount model	股利折现模型	DDM
Dividend payout ratio	股利支付率	—
Earnings after tax	税后利润	EAT
Earnings before depreciation interest，and tax	息税折旧前收益	EBDIT
Earnings before interest，and tax	息税前收益	EBIT
Earnings before interest，tax，depreciation，and amortization	息税折旧摊销前收益	EBITDA
Earnings before tax	税前收益	EBT
Earnings per share	每股收益	EPS
Economic risk	经济风险	—
Economic value added	附加经济价值	EVA
Equity beta	权益 β 值	—
Equity capital	权益资本	—
Equity multiplier	权益乘数	—
Face value	票面价值	—
Fair market value	公允市场价值	—
Financial leverage	财务杠杆	—

续表

英文	中文	缩写
Financial leverage multiplier	财务杠杆乘数	—
Financial risk	财务风险	—
Firm's cost of capital	企业资本成本	—
Fixed asset turnover or turns	固定资产周转率	—
Free cash flow	自由现金流	FCF
Future value	未来值	FV
Gross profit	毛利	
Income statement	损益表（利润表）	IS
Intangible assets	无形资产	
Interest tax shield	利息税蔽（税盾）	
Internal equity financing	内部权益融资	—
Internal rate of return	内部报酬率	IRR
Inventories	存货	—
Inventory turn or turnover	存货周转率	—
Invested capital	投入资本	IC
Leveraged buyout	杠杆收购	LBO
Levered beta	杠杆 β 值	—
Liabilities	负债	
Liquid assets	流动资产	
Liquidity（of a firm）	（公司）流动性	
Liquidity ratio	易变现率	
Long-term debt/liabilities	长期负债	—
Long-term financing	长期融资	
Managerial balance sheet	管理资产负债表	
Market beta	市场 β 值	—
Market risk premium	市场风险溢价	—
Market-to-book ratio	市价与账面价值比率	MB ratio
Market value added	附加市场价值	MVA
Net asset value	净资产	
Net cash flow	净现金流量	NCF
Net fixed assets	固定资产净值	—
Net long-term financing	长期融资净值	NLF
Net operating cash flow	营业净现金流	NOCF
Net operating profit after tax	税后净营业利润	NOPAT
Net present value	净现值	NPV

续表

英文	中文	缩写
Net short-term financing	短期融资净值	NSF
Net working capital	净营运资本	NWC
Operating profit	营业利润	—
Operating profit margin	息税前营业利润率	—
Operational risk	营业风险	—
Opportunity cost	机会成本	—
Optimal capital structure	最优资本结构	—
Option（contracts）	期权（合约）	—
Option premium	期权溢价	—
Owners' equity	所有者权益	—
Payables	应付（账款）	—
Payback period	回收期	PP
Pecking order	啄食顺序理论	—
Preferred stocks	优先股	—
Price-to-book ratio	股价与账面价值比	P/B
Price-to-cash earnings ratio	股价与现金收益比	P/CE
Price-to-earnings ratio	市盈率	P/E
Profit and loss statement	利润表	P&L
Profitability index	获利指数	PI
Project's cost of capital	项目资本成本	—
Project's opportunity cost of capital	项目资本机会成本	—
Property，plant and equipment	固定资产	PP&E
Public offering	公开发行	—
Put options	看跌期权	—
Quick assets	速动资产	—
Quick ratio	速动比率	—
Real interest rate	实际利率	—
Relevant cash flows	相关现金流	—
Replacement cost	重置成本	—
Retained earnings	留存收益	—
Return on assets	资产回报率	ROA
Return on equity	权益回报率	ROE
Return on invested capital	投入资本回报率	ROIC
Return on investment	投资回报率	ROI
Return on sales	销售回报率	ROS

续表

英文	中文	缩写
Return spread	回报率差	—
Risk averse	风险厌恶者	—
Risk-free rate	无风险利率	—
Risk premium	风险补偿	—
Security market line	证券市场线	SML
Self-sustainable growth rate	可持续增长率	SGR
Short-term liabilities	短期负债	—
Statement of cash flows	现金流量表	—
Sunkcosts	沉没成本	—
Sustainable growth rate	可持续增长率	—
Systematic risk	系统风险	—
Target capital structure	目标资本结构	—
Total assets rotation/turnover or turns	资产周转率	—
Undiversifiable risk	不可分散风险	—
Unlevered beta	无杠杆 β 值	—
Weighted average cost of capital	加权平均资本成本	WACC
Working capital requirement	营运资本需求	WCR
Yield to maturity	到期收益率	—